Inhalt

Meinen lieben Eltern und allen,
die mir so liebevolle
Weihnachten beschert haben.

Zum Geleit
Glauben heißt Geschichten erzählen

Am Anfang steht immer das Erzählen. Unser ganzes Leben ist ein einziges Erzählen von Geschichten. »Geschichten zu erzählen, offenbart Bedeutung, ohne den Fehler zu machen, sie zu definieren«, sagt Hannah Arendt und so berühren wir, wenn wir Geschichten erzählen, die Tiefe von Leben und Glauben. Wahrheiten, Traditionen, Überzeugungen, Erfahrungen, Erkenntnisse aus allen Lebensbereichen des Menschen werden weitergegeben durch das Erzählen von Geschichten. Bevor wir auch nur daran denken, alle Dinge dieser Welt in Weisheitssätze, strenge Lehrformeln oder Glaubensgrundsätze umzuwandeln und zu den Menschen zu bringen, steht das Erzählen. »Homo narrans« – der Mensch ist ein Erzählender, das unterscheidet ihn grundlegend vom ganzen Rest der Schöpfung, in der wir leben. Das betrifft natürlich auch und gerade den Glauben und die Weitergabe religiöser Überzeugungen und Traditionen. Religiöse Menschen sind von Natur aus erzählende Menschen.

Gerade die Weihnachtszeit macht uns das so sichtbar. Weihnachten selbst ist eine einzige Geschichte, hervorragend erzählt und zusammengefasst, allein schon in der Kindheitsgeschichte des Evangelisten Lukas, eine der ältesten Geschichten des Neuen Testaments und mit das früheste Zeugnis der Urkirche, das die Geburt Jesu von Nazareth als ein geschichtliches Ereignis darstellt. Dabei ist die Weihnachtsgeschichte eigentlich eine Gegengeschichte zur Weltgeschichte. Die Weltgeschichte ist die Geschichte von Macht, Ruhm und Einfluss, politischer und militärischer Gewalt, Unterdrückung und Verfolgung. Ihre Protagonisten heißen Kaiser Augustus, Statthalter Quirinius, König Herodes, viele sind auch namenlose, aber korrupte Gestalten. Niemand würde heute auch nur ein Wort über sie alle verlieren, gäbe es da nicht die berühmte Gegengeschichte der scheinbar Unbedeutenden. Es sind machtlose Leute ohne Einfluss und Beziehungen, die diese Geschichte erst zu einer Geschichte machen, die man sich erzählt: Maria, Josef, ein Kind in einer Futtergrube, gesetzeslose Hirten, unbekannte Magier aus dem Morgenland, namenlose Kinder, die getötet werden, Hannah und Simeon als die zwei alten Frommen im Tempel, ein Johannes der Täufer, der auf Jesus als Sohn Gottes zeigt. Ihre Geschichte wird seit über 2000 Jahren weitererzählt und gefeiert. Nur wegen *ihrer* Geschichte kommen auch die eigentlich Mächtigen mit ihrer Geschichte in unseren Erzählungen überhaupt vor. Alle Geschichten um Weihnachten herum kreisen um diesen Glutkern der Verkündigung.

Unser Geschichtenerzählen zu Weihnachten setzt die Weihnachtsgeschichte fort. Bei Advents- und Weihnachtsfeiern, in Hausgottesdiensten oder beim gegenseitigen Besuch beim Frauentragen, in Religionsstunden oder Jugendandachten – überall werden Geschichten erzählt, die das Weihnachtsgeschehen weitertragen, umschreiben und umranken wie ein blühender Rosenzweig. Es sind humorvolle, lustige, aber auch nachdenkliche und berührende Erlebnisse, die wir uns gemeinschaftlich anhören und die uns auf einem anderen, zusätzlichen Weg an das Weihnachtsgeheimnis heranführen möchten. Wir werden zurückgeführt beim Zuhören in unsere früheste Kinderzeit, als man uns beim Einschlafen und zum Abschluss eines Tages, vielleicht auch als kleine Stärkung und Ermutigung vor der Dunkelheit der Nacht, noch eine Geschichte vorlas. Sie musste uns einfach nur guttun, sollte uns ruhige und zufriedene Träume schenken und die nötige Entspannung für die Nacht ermöglichen.

Die Weihnachtsgeschichten in diesem Buch wollen auch guttun, etwas nachdenklich machen, durchaus auch aufklären, informieren und vielleicht Unbekanntes neu erklären, vor allem aber wollen sie vorbereiten und begleiten in der Advents- und Weihnachtszeit. Wie ein Adventskalender möchten sie den Leser vom 1. Dezember bis zum Heiligen Abend führen, über die Weihnachtsfesttage und den Jahreswechsel hinaus bis zum Fest der Taufe des Herrn, dem offiziellen Abschluss der Weihnachtszeit. Für jeden Tag habe ich Geschichten zusammengestellt, solche, die echt und dem wirklichen Leben entnommen sind, absolut authentisch und ehrlich. Es sind auch Geschichten, die uns selber erzählt wurden, die die Bräuche und wichtige Gestalten der Advents- und Weihnachtszeit erklären, kommentieren und beschreiben und die den Kern dieses Festes aller Feste berühren. Weihnachten ist heute zu Unrecht in den Verruf eines lästigen Familienfestes gekommen, das jeder nur schnell hinter sich bringen will. »Schon wieder Weihnachten«, denkt vielleicht mancher und fühlt sich taub für den Zauber, der durch Kommerz und Geschenkewut übertüncht ist und gar nicht mehr wirken kann. Mit diesem Buch will ich dagegenhalten: »Ja, es ist Weihnachten!«, rufe ich dir, lieber Leser, liebe Leserin zu! »Mach was draus!« Die Geschichten möchten dich beschenken, berühren, aber auch aufrütteln, zum Weiterdenken einladen und dir einen Funken Freude schenken – genau das, was die Advents- und Weihnachtszeit in uns jedes Jahr aufs Neue erreichen will.

1. Dezember

Der knisternde Küchenofen

Für die meisten Menschen sind Weihnachtserinnerungen in erster Linie Kindheitserinnerungen. All die Güte und Wärme, die Geborgenheit und das Vertrauen, die Herrlichkeit und das Liebevolle stecken in diesen Erinnerungen. Aber unser Weihnachtsgefühl bleibt nie stehen, es entwickelt sich immer weiter, wird erwachsener, durchaus auch ernster, streift vielleicht auch störend Kindliches darin ab, legt es aber niemals ganz zur Seite. Irgendwie greifen alle unsere Weihnachtserzählungen in unsere Kindheit hinein. Eigentlich kein Wunder, steht doch ein Kind – das Jesuskind – im Stall von Bethlehem im Mittelpunkt.

Nicht anders ergeht es mir mit meinen Weihnachtserinnerungen und den Erzählungen darüber. Am Anfang war ein kleines Stück Himmelreich, das es in seiner ganzen Einfachheit vermochte, alle Gefühle und Sehnsüchte eines kleinen Kindes zu konzentrieren. Mein Elternhaus war eine für heutige Verhältnisse bescheidene, überschaubare Dreizimmerwohnung im Münchener Stadtteil Laim, im dritten

Stockwerk eines Bauwerks einer Nachkriegssiedlung, in dem vor allem Angehörige der Deutschen Bundespost und deren Familien günstigen Wohnraum fanden. Die Stadt München entwickelte sich gerade zur Millionenstadt. 1957 war es dann auch so weit. Mein Bruder Wolfgang wäre es beinahe geworden – der millionste Münchner. Aber wie sagt man so schön: Knapp vorbei ist auch daneben. Überhaupt war damals schon das einzig Wichtige, was es auch heute noch sein soll: Hauptsache, das Kind ist gesund! Drei Jahre später durfte ich das Licht der Welt erblicken und wurde in eine einfache, aber durch und durch liebevolle und damit heile Welt hineingeboren. Man war nicht reich oder vermögend, aber es war alles da, was es zu einem zufriedenen und erfüllten Leben braucht. Als Postbeamter im höheren und später sogar gehobenen Dienst genügte ein Gehalt, um eine vierköpfige Familie zu ernähren, für die beste Ausbildung der Kinder zu sorgen und sich auch den bescheidenen Luxus eines eigenen Pkw und eines jährlichen, einwöchigen Familienurlaubs in Bayern oder im benachbarten Tirol zu leisten. Möglich machte das auch die Fähigkeit zur Sparsamkeit, mit der meine Eltern, die die ganze Not der Kriegsjahre, Verlust und Zerstörung, Armut und Hunger erleben mussten, unseren Alltag bewerkstelligten. Es war alles da, was die Familie brauchte, und nichts wurde angeschafft, was nicht unbedingt sein musste. Im Vordergrund standen dabei in erster Linie wir Kinder. Nach den Jahren der totalen Zerstörung, des Zusammenbruchs und der Vernichtung konnte es für meine Eltern nur eine Zukunft geben, nämlich die, die Kinder verkörperten. Es galt, ein Land wieder aus den Trümmern aufzubauen, mit einfachen Mitteln und vor allem mit viel Fleiß wieder ein ganz normales Leben herzustellen. Diese Zukunft aber ist nur möglich, wenn die Vergangenheit nicht geleugnet, sondern mitgenommen und verwandelt wird. Nie wieder darf das eintreten, was die Kriegsjahre diesen beiden Menschen genommen haben: Ein Zuhause, die Familie, Geborgenheit, Heimat und die Hoffnung auf dauernden Frieden.

Bescheiden und demütig haben sich meine Eltern so Tag für Tag bemüht, uns ein Heim zu schaffen, das mehr ist als ein Dach überm Kopf. Unser Zuhause in diesem Siedlungsgebäude war für uns wie eine Höhle, in der wir uns sicher und beschützt wissen durften. Man hat sich immer um uns und für uns gesorgt, ohne uns die Freiheit zu nehmen, uns selbst zu eigenständigen Menschen zu entwickeln. Wir wurden gefördert in allen schulischen Belangen, haben Musikinstrumente schon als Grundschüler gelernt, waren immer anständig bekleidet – die berufliche Profession meiner Mutter als gelernte Schneidermeisterin half auch hierbei, nicht allzu viel Geld dafür ausgeben zu müssen.

Der größte Reichtum bei uns zu Hause aber war, dass wir nie allein waren. Unsere Mutter hat diese Höhle unserer Kindertage immer bewahrt, sie ausgestattet zu den verschiedenen Jahreszeiten und sie so für uns zur scheinbar unvergänglichen Zukunftsstätte gemacht. Sie hat uns den ganzen Tag über begleitet, angefangen beim morgendlichen Aufstehen und In-den-Tag-starten, hat uns mit einem Kreuzzeichen auf der Stirn mit Weihwasser verabschiedet, wenn wir das Haus verließen, hat uns wieder empfangen, wenn wir mittags von der Schule nach Hause kamen, und immer war der Tisch mit einfachen, aber besten Speisen gedeckt. Manchmal frage ich mich, ob mir der Reichtum dieser Tage überhaupt so bewusst gewesen war.

Vor allem aber war es die religiöse Prägung, die wir in diesen Jahren so selbstverständlich und so liebevoll empfangen durften. Da war keine Spur von Fanatismus oder Bigotterie, es war ein ganz behutsames Hinführen zu all den Geheimnissen, die uns der christliche Glaube schenkt. Wir mussten nichts leisten, keine Gebete auswendig lernen, keine Gebote pauken oder Vorschriften auswendig lernen. Es war das Gebot der »freien Verbindlichkeit«, die unser Zusammenleben prägte, was bedeutet: Es gibt Regeln, die für uns alle gelten und die nicht dazu bestimmt sind, unsere Freiheit zu beschneiden, sondern frei machen wollen. Das galt auch für christliche Traditionen wie den Fleischverzicht am Freitag, der ja auch gesundheitlich nicht abzustreiten ist, oder aber das Erwarten-können, bis das Weihnachtsfest wirklich da ist. Wir durften das Leben und den Glauben feiern, den Jahresablauf und die christlichen Feste erleben, abends im Bett mit Vater oder Mutter beten, bei Tisch für das Geschenk der Speisen danken, Hausliturgie an Weihnachten und Ostern feiern, wir wurden mit all ihren Bräuchen in das Leben der Kirche eingeführt, indem man uns zu den Sakramenten führte und begleitete.

Neben all diesen – man möchte sagen – selbstverständlichen Riten und Gebräuchen in einer christlichen Familie, für die ich so unendlich dankbar bin, gibt es da aber eben noch die eher verborgenen, eher im Hintergrund, oder besser gesagt, nur im Herzen eines kleinen Buben zu findenden Gefühle, Erfahrungen und Wahrnehmungen, die sich in dieser Höhle der Liebe und Wärme für immer in mir eingebrannt haben. Dass das Kirchenjahr mit dem ersten Advent beginnt, musste bei uns zu Hause nicht extra groß erklärt oder thematisiert werden. Unser Zuhause bot uns einen Religionsunterricht der ganz besonderen Art. Es war die perfekte Einübung, ganz einfach durch ein gemeinsames Miteinander. Wir spürten es von ganz alleine, dass jetzt mit dem Advent und beginnend mit dem 1. Dezember eine neue, ganz wichtige Zeit beginnt. Die Welt draußen hat sich verändert, die langen Nächte und die Dunkelheit waren bestimmend geworden. Umso gemütlicher wurde es im Inneren unserer Höhle. Die Accessoires einer liebevollen Adventszeit nahmen ihre Plätze ein: der selbstgebundene Adventskranz mit seinen roten Kerzen, der an vier roten Bändern an einem hölzernen Ständer hing; der Adventskalender – selbstverständlich noch ohne Schokolade drin – am Küchenschrank angebracht; der adventliche Schmuck in der Wohnung mit Tannengrün, roten Schleifen und Kerzen im Wohnzimmer und überhaupt roch es nur in dieser Zeit so intensiv nach Gebäck und milden Gewürzen in der Wohnung. Plätzchen wurden damals wirklich nur gebacken, damit man sie an Weihnachten auf einem wunderschönen Porzellanteller anbieten konnte. Das war alles ganz biblisch gemacht, auch wenn es niemand vorher theologisch dahingehend untersucht hätte: Wenn der Messias kommt, werden die Flüsse Milch und Honig führen und es wird ein Festmahl stattfinden, so drückt es schon der alttestamentliche Prophet Jesaja aus. Auf dieses Festmahl mit den besten Plätzchen der ganzen Welt hat man sich bei uns zu Hause so auch den ganzen Advent vorbereiten können.

Und dann war da noch so ein Detail. Meine Eltern selbst würden nicht darauf kommen, könnte ich sie noch fragen. Aber es ist ein Detail, das mich den Zauber dieser Tage – den ich nur in unserer Höhle daheim und seither nie mehr wieder irgendwo anders gefunden habe – so unvergesslich hat spüren lassen: Es war dieses kleine rechteckige Fenster in unserer Küche. Wie alle Fenster und die Balkontüren unserer Wohnung wurden sie mit einer schaumstoffgefüllten Stoffwurst, die unsere Mutter selbst nähte und am unteren Rand ablegte, abgefüttert gegen Zugluft und Kälte im Winter. Wärmedämmung und Energiesparmethoden wurden natürlich noch nicht derart beachtet wie heute, aber man behalf sich mit solchen praktischen Methoden, um Heizung und Strom zu sparen. Dabei war das Küchenfenster das kleinste von allen Fenstern in unserer Wohnung. Früher hat man ganz anders gebaut. Ein Küchenfenster war nicht zum Hinausschauen und Beobachten der Außenwelt gedacht. Ein kurzes Lüften, weil darin gekocht wurde, dafür musste eine Fensteröffnung zur Verfügung stehen und dafür musste diese auch nicht sehr groß sein. Aber sie war groß genug für einen kleinen Buben, um sich an diesen ganz besonderen Wintertagen in der Zeit vor Weihnachten mit angezogenen Knien auf das innen liegende Fensterbrett regelrecht *hineinzusetzen*. Mein ganzer kleiner Körper füllte so den halben Fensterbereich aus und wie durch ein Bullauge eines mächtigen Schiffes konnte ich in das Dunkel des anbrechenden Morgens hinausschauen. Es war das wichtigste Ritual in diesen Tagen des Advents, sofort nach dem Aufstehen, noch im Schlafanzug: in die Küche laufen, mich in das Küchenfenster wie in eine zweite Höhle in der großen Höhlenwohnung hineinzusetzen und die Welt da draußen zu betrachten.

Perfektioniert wurde dieses morgendliche Aufstehen im Advent mit einem weiteren Merkmal unserer Wohnung: dem Holzküchenofen. Wir hatten in den 1960-er Jahren wirklich noch einen Holzofen in der Küche und meine Mutter war eine Meisterin darin, mit diesem für uns heute wohl umständlichen Kochwerkzeug die besten Gerichte zu zaubern. Neben dem Kochen und Backen war dieser Ofen aber auch die wichtigste Wärmequelle in der ganzen Wohnung und er besaß dabei diesen unvergleichlichen Charme und eine Eindringlichkeit, mit der es kein Elektro- oder Gasherd aufnehmen kann. Entscheidend dafür war einfach nur das Holz. Jeden Morgen, bevor uns unsere Mutter weckte, begann sie, den Ofen anzuschüren. Das trockene Holz, das genauso geliefert und im Keller aufbewahrt wurde wie die Kohlen, wurde mit einem Stück altem Zeitungspapier angezündet und begann sofort so unvergleichlich hüpfend und belebend zu knistern. Ich hörte dieses

Knistern bis in unser Kinderzimmer und das war mein Wecksignal, sofort das Bett zu verlassen, in die Küche zu laufen und mich in das Küchenfenster hinein zu verkriechen. In wenigen Minuten spürte ich die aufkommende Wärme des verbrennenden Holzes, das Knistern verlieh dem ganzen Raum eine Behaglichkeit und Geborgenheit, die ihn zu einem alles beschützenden Schutzraum verwandelte. Der Ofen und das verbrennende Holz erwärmte den kleinen Küchenraum und erfüllte diesen Raum mit mehr als nur seiner Wärme. Ich spürte es jedes Mal ganz deutlich, wie er vor allem mein Herz erwärmte, meine tief darin sitzende Gewissheit, dass ich hier, hineingekauert in das kleine Fenster, am sichersten Ort der Welt bin. Draußen war es stockdunkel und kalt, aber hier herinnen wurde es immer wärmer und gemütlicher. Das Zischen und Knistern des trockenen Holzes waren teilweise so laut, dass man schon lauter sprechen musste, wollte man sich unterhalten. Aber genau das tat in diesen ersten Minuten des Tages im Advent niemand. Es war eine ungebrochene laute Stille, die keiner Worte bedurfte. Es war ein Staunen und Fühlen, eigentlich ein Beten mit allen Sinnen und dazu das tiefe innere Wissen, dass wir auf dem Weg sind auf etwas ganz Großes hin.

In diesen Momenten habe ich erfahren und gelernt, was es bedeutet, wortlos zu verstehen. Zu verstehen, wie sehr gelebter Glaube pure Empathie und Gefühl ist und wie viel wir mit unserem Herzen begreifen und weitergeben können. Nie mehr werde ich das unendlich bergende Gefühl der Beheimatung vergessen, das mich damals ganz und gar durchdrungen hat in der Stille unserer kleinen Küche und wie ich es – im Küchenfenster sitzend – am ganzen Leib spüren konnte, wie das knisternde Holz im Ofen mit seinem Geruch und seiner Wärme den Raum, mich selbst und mein kleines Herz ganz und gar erfüllte. All die Liebe, die in diesem Moment spürbar wurde, ist bis heute geblieben. Nie mehr werde ich in diesem Fenster jemals wieder sitzen – schon aus Platzgründen wäre es nicht möglich. Aber all die Sehnsucht nach Geborgenheit, die in diesem Moment in mir gestillt wurde, und der Blick in die Dunkelheit und Kälte draußen, die plötzlich gar nicht mehr so dunkel und kalt waren, weil es ja hier um mich herum so wärmend und liebevoll wurde, all das ist bis heute geblieben und mit dieser Erinnerung bleibt auch die tiefe Dankbarkeit für diese wunderbaren Menschen, die das alles für uns so wunderbar bereitet haben. In diesem Moment wusste ich schon längst, was Weihnachten bedeutet: dass niemand allein sein wird, der Herrgott immer bei uns ist, uns behütet, beschützt und bewahrt. Meine Mutter jedenfalls brauchte kein katechetisches Handbuch, um uns diese Wahrheit nahe zu bringen. Ein kleines Küchenfenster und ein einfacher Küchenofen, ein paar Holzscheite und ein Stück altes Zeitungspapier haben meine kleine Welt jeden Adventmorgen verwandelt in ein Stück Himmelreich.

2. Dezember

Hektischer Advent? Selber schuld!

Es ist wohl eines der bekanntesten und ganz sicher ein unvergessliches Sprichwort des Münchner Querdenkers Karl Valentin. Seine Einschätzung der Adventszeit lautet nur kurz: »Wenn die stade Zeit vorüber ist, dann wird's auch wieder ruhiger«!

Damit spielt er auf die alljährliche Hektik und den Stress an, der sich mit schöner Regelmäßigkeit zeitgleich mit der Freude über das herannahende Weihnachtsfest bei den Menschen einstellt und über die allerorten geklagt und gejammert wird, als wenn das ein unabwendbares Naturereignis wäre. Natürlich ist es das nicht! Eine kleine Geschichte verdeutlicht es sehr eindringlich: Ein völlig gestresstes, berufstätiges Ehepaar eilt kurz vor Weihnachten in ein Spielwarengeschäft. Es schnappt sich eine Verkäuferin und redet auf sie heftig gestikulierend ein: »Wir sind den ganzen Tag weg von zu Hause und haben eine kleine Tochter. Jetzt brauchen wir unbedingt ein Geschenk, das ihr an Weihnachten große Freude macht, die Kleine möglichst lange beschäftigt und das Gefühl des Allein-

seins erst gar nicht aufkommen lässt«. – »Damit kann ich Ihnen leider nicht dienen«, meint jedoch die Verkäuferin freundlich: »Eltern führen wir hier nicht in unserem Sortiment!« Das hat gesessen.

Den berühmten Weihnachtsstress machen wir uns also schon ganz alleine, der ist uns nicht aufgesetzt und er ist auch kein unabwendbares Naturphänomen. Aber so sind die Leute halt, es soll einfach alles perfekt sein und die Werbung tut ihr Übriges dazu, wenn sie schon im Herbst beginnt, uns daran zu erinnern, was wir noch alles kaufen, besorgen, herrichten und organisieren müssen, damit es *wirklich* ein Fest wird, vom feinsten Essen über die Geschenke bis hin zur glücklichen Familie. Und dann sind da noch die unendlich vielen Termine und Veranstaltungen, Advents- und Weihnachtsfeiern hier und dort, Christkindlmärkte überall, Einladungen über Einladungen. »Wir eilen von Besinnung zu Besinnung«, nannte das einmal ein alter weiser Pfarrer.

Spätestens am Heiligen Abend aber muss Weihnachten dann still und beschaulich rüberkommen. »Schlaf in himmlischer Ruh'.« Was wir jedoch vergessen: Schon das erste Weihnachten war ja absolut turbulent! Römische Militärkolonnen, eine Volkszählung zur Steuererfassung als reine Schikane der kleinen Leute, an jeder Ecke Partisanenkämpfe und terroristische Anschläge, überfüllte Hotels mit Wucherpreisen, skrupellose Spekulanten und Ausbeuter. Exakt in diese Welt wird Jesus hineingeboren. Und diese Welt ist kein Regiefehler Gottes. Und sie ist so bis heute.

Nein, Gott ist eben nicht Mensch geworden, um sentimentale Stimmungen unter uns zu unterfüttern, sondern weil er uns in unserer unerträglichen Not begegnen will! Gerade weil Familien und ganze Völker vom Hass zerrissen werden, brauchen wir nicht plötzlich auf heile Welt machen. Aber wenn uns in unserer tiefen Zerrüttung Heilung angeboten wird, wäre es doch grundfalsch, dies einfach abzulehnen und immer so zu tun, als sei alles in Ordnung.

Nur weil Weihnachten ist, hört heute die Hektik oder der Stress nicht auf, die vielen Kriege in der Welt gehen weiter und auch das schier unbezähmbare Unrecht und die Gewalt, die tagtäglich auf dieser Erde passieren. Aber: Weihnachten hält dagegen. Hass und Vergeltung, Lüge und Verleumdung, Gewalt, Schuld und Resignation – all das kann überwunden werden: durch gegenseitige Vergebung. Inmitten des ganzen Schlamassels von verlorenen Träumen und vergifteten Stimmungen, Hoffnungslosigkeiten und Niedertracht versucht Gott es mit dem zerbrechlichsten, liebenswertesten, schätzenswertesten und überzeugendsten Argument schlechthin, um uns Menschen zu verwandeln: Ein kleines Kind, das uns heilen und zu neuen Menschen machen kann.

Wohl dem, der mit Menschen umgeben ist, die es verstehen, sich und die anderen in Ruhe und Ausgeglichenheit auf das große Fest vorzubereiten. So wie sich die Menschen in den Wintermonaten zurückziehen in ihre Wohnstatt, so durften wir als Kinder all diese Vorbereitungen ohne großes Durcheinander zu Hause erleben. Alle Räume waren erfüllt von herrlichem Plätzchenduft und man nahm sich die Zeit, füreinander da zu sein. Der Adventskranz war keine Zimmerdekoration, sondern ständiger Begleiter. Jeden Tag wurde er angezündet, Texte, Geschichten und Gebete dabei vorgelesen und man nahm sich die Zeit, adventliche Musik zu hören. Weihnachtliche Harmonie hieß bei uns nun einmal auch, dass man wieder Wert darauf legt, dieses Miteinander zu leben, versäumte Zuwendungen mal wieder nachzuholen und mitunter sogar Versöhnung und Frieden zu stiften und miteinander einen Neuanfang zu wagen.

Und das soll alles in knapp vier Wochen möglich sein? Das wird sich sicher der eine oder andere jetzt fragen. Respekt! Aber das ist durchaus machbar. Unsere Eltern zeigten dabei immer nur auf die Geburt des Jesuskindes, dieses unglaubliche Wunder, mit dem uns Gottes Zuwendung unwiderruflich geschenkt wird. Dieser Moment hat auch nach 2000 Jahren noch die Kraft, Menschen zu verändern, wollten sie uns damit beibringen. So ist eben nicht alles Routine, was in diesen Tagen geschieht und wir uns zumuten, sondern es ist gut, den Ball, den uns Gott an Weihnachten zuwirft, aufzufangen und weiterzugeben: Seine Zuwendung zum Menschen. Und genau das feiern wir an Weihnachten und stellen uns so gegen das ganze Grauen, die Not und die Gewalt auf unserer Erde. Und dann? Dann könnten wir sie auf das ganze Jahr, das vor uns liegt, verteilen.

Als Kinder durften wir diese Zuwendung unserer Eltern konsequent entgegennehmen. Plötzlich war da viel mehr Zeit übrig als sonst, Zeit, die man ganz bewusst mit- und füreinander verbrachte. Es wurden wirklich nur die Termine und Veranstaltungen angenommen, die ganz wichtig waren, ansonsten kümmerte man sich um sich selbst und seinen Lebensraum, in den der Heiland bald eintreten würde. Niemals rannten meine Eltern hektisch von Geschäft zu Geschäft oder von Veranstaltung zu Veranstaltung, weil man dieses oder jenes Geschenk noch brauchte oder unbedingt dabei sein musste. Was man brauchte, war schon da, nämlich wir selbst.

So spürten wir deutlich, dass dieses Miteinander ein einziges Geschenk ist. Selbst die Geschenke, die man für Weihnachten vorbereitete, waren ausgewählt und sollten etwas ganz Besonderes sein. Nicht ihre Anzahl war wichtig, sondern der Überraschungseffekt, die Idee, die man hatte, den Wunsch des anderen, den man irgendwie erahnte! Am Heiligen Abend geht es nicht um einen Warenaustausch, sondern um die Überraschung der Liebe. All das hat man uns so erklärt. Das weihnachtliche Geschenkpapier und die bunten Schleifen wollen uns nur daran erinnern, dass doch eigentlich das ganze Leben Geschenke für uns bereithält, auch wenn sie keine goldenen Schleifen tragen: die Freundschaft zu einem Menschen, die Versöhnung mit einem Partner, das erste Lächeln des Kindes. Das alles sind keine machbaren oder planbaren Leistungen. Es sind Geschenke wie ein klarer, kalter Wintertag oder ein gutes, heilsames Wort. Nichts davon gibt es in den Regalen eines Supermarktes zu finden, obwohl es eigentlich ganz gewöhnliche Dinge sind. Liebe in Windeln gewickelt.

Nein, Weihnachten ist viel mehr als nur ein Fest der Erledigungen, Besorgungen, Einladungen oder Geschenke. Es ist ein Fest unserer Dankbarkeit. Wir dürfen uns einfach nur glücklich schätzen und Gott dafür danken, weil er sich an uns selbst verschenkt und Mensch wird, damit wir menschlich miteinander umgehen. Dazu gehört auch der Dank für die vielen Dinge, die uns das Leben schenkt. Mag sein, dass uns nach den Festtagen statt Geschenkschleifen auch Knoten und oftmals Unentwirrbares begegnet. Die eigentliche Überraschung – Gott ist mit uns – wird uns nie mehr genommen! In der Geburt Jesu wird uns Gottes Zuwendung unwiderruflich geschenkt und dieser Moment hat offenbar auch nach 2000 Jahren noch die Kraft, Menschen zu verändern. Es ist eben nicht alles Geschäft, was in diesen Tagen geschieht und wir uns zumuten. Es ist gut, den Ball, den uns Gott an Weihnachten zuwirft, aufzufangen und weiterzugeben. An uns hängt es, ob es ein kurzfristiges Spiel wird, oder ob es uns gelingt, diese Zuwendung Gottes auf das ganze Jahr, das vor uns liegt, zu verteilen. Unsere Mitmenschen und wir alle hätten mehr davon und vor allem wüssten wir besser, worauf es an Weihnachten wirklich ankommt: »Mach's wie Gott, werde Mensch!«

3. Dezember

Das erste Engelamt

Es hat relativ lange gedauert, bis ich mit dem wunderschönen Brauch des Engelamtes, auch Rorateamt genannt, vertraut gemacht wurde. »Rorate« kommt vom lateinischen »rorare« und heißt wörtlich übersetzt »Tauet«. Es ist dem Adventslied »Tauet, Himmel, den Gerechten« als Titel entnommen. Im zweiten Teil des Liedanfangs kommt die Textzeile »regnet herab«, womit »Rorate« auch häufig übersetzt wird. In ländlichen Gegenden sind diese Rorateämter heute noch verbreiteter und besser besucht als bei uns in der Großstadt. Nachvollziehbar: Es stand auch bei uns zu Hause einfach nicht auf dem Plan, unter der Woche noch vor der Fahrt in die Schule eine frühmorgendliche Messe in der Pfarrkirche zu besuchen. Schul- und Kirchensprengel sind nun mal nicht immer identisch im städtischen Leben, auch heute nicht. Und damals mussten vor allem für den Schulweg weitere Strecken in Kauf genommen werden.

Dabei gehören gerade diese Rorategottesdienste zu den schönsten und wertvollsten Bausteinen des Advents. Sie sind so etwas wie die Generalprobe für die bald kommende Christmette am Heiligen Abend. Alles ist ins Dunkel des noch anbrechenden Tages gehüllt, kein elektrisches Licht brennt, die Menschen haben ihre brennenden Kerzen in ihren Händen, die Orgel spielt schon etwas feierlicher als sonst an den Adventtagen und der Priester trägt ein weißes oder goldenes Messgewand. Auch die Texte sind sehr feierlich und immer wieder hört man, wie alles begann und der Engel zu Maria kam und ihr die frohe Botschaft von der Geburt Jesu brachte. »Regnet herab« will sagen: Hier kommt Gott selbst zu dir, aber er drängt sich nicht auf, er überwältigt dich nicht, nein, er klopft an, er wirbt um deine Bereitschaft, »Ja« zu ihm zu sagen. Wie ein sanfter Landregen legt er sich geduldig in deine Welt hinein. Weihnachten gibt's nur, wenn der Mensch »Ja« sagt, sich nicht verweigert oder zurückzieht. Ein Engelamt ist wie eine flehentliche Bitte an die Gläubigen: Vergesst nie, wie einfach der Herrgott in diese Welt eintrat – ganz der Liebe von euch Menschen ausgeliefert. Gefragt hat er und wenn Maria sich verweigert hätte, hätte es kein einziges Weihnachten gegeben. »Maria wärst du hart geblieben, so wäre uns Weihnachten erspart geblieben!« So steht es auf einer Karte, die mir mal ein eher skeptischer Zeitgenosse und kleiner Spaßvogel zukommen ließ. Die Engelämter, die diesen wunderschönen Namen von diesem immer wiederkehrenden Evangelium vom Engel Gabriel erhalten haben, sprechen eine ganz andere, feierliche, würdevolle und prachtvolle Sprache. Sie berichten davon, dass Maria sich auf das größte aller Abenteuer eingelassen hat. Sie hat

»Ja« gesagt, obwohl sie wohl mehr Fragen als Antworten hatte. Aber sie hat Gott vertraut. Und so machen die Engelämter auch heute neugierig auf den Tag, an dem wir dieses Kommen des Herrn feierlich begehen dürfen.

Natürlich muss man sich dazu überwinden, morgens ganz früh aufzustehen, sich warm anzuziehen, in die kalte Kirche zu gehen, gegen den Schlaf anzukämpfen und einfach auch was auszuhalten. Da verzichtet man gerne sehr schnell darauf und führt vor allem organisatorische Gründe ins Feld. Vielleicht hat man uns Kinder auch deswegen nicht angehalten, diese Gottesdienste mitzufeiern. Und alleine wären wir schon gar nicht mitten in der Nacht in die Kirche gegangen.

Alles wurde jedoch anders, als ich mit elf Jahren endlich Ministrant in meiner Heimatgemeinde geworden bin. Jetzt musste ich nämlich meinen Dienst tun – auch in diesen Gottesdiensten. Eigentlich war die Ministranten-Karriere gar nicht für mich vorgesehen. Meine Eltern hielten mich dafür nicht geeignet, weil sie meinten, ich wäre zu unruhig, zu flapsig und zu unaufmerksam und könnte ohnehin nicht eine ganze Messe lang stillhalten. Doch mein Drängen, Bitten und Flehen war dann wohl zu lästig, meine Mutter erweichte sich und ihr Herz und meldete mich in unserer Pfarrei an. Dort wurde ich begeistert angenommen, erhielt eine intensive Grundausbildung als Neu-Ministrant, fühlte mich sofort so richtig erwachsen, wenn ich unter all den anderen kleinen und großen Ministranten mit dem farbigen Rock und dem weißen Gewand im

Altarraum stand. Fast wie ein Pfarrer durfte ich mir vorkommen und es war einfach nur ein wunderbares, erhabenes Gefühl.

Natürlich wollte ich dann auch bei solchen besonderen Gottesdiensten wie den Engelämtern dabei sein und habe mich fleißig jede Adventswoche immer freitags um sechs Uhr früh in den Dienstplan eintragen lassen – sehr zum Schrecken meiner Mutter. Wie auch sonst in vielen anderen Familien blieb am Ende alles an ihr hängen, zumindest für die nächsten Jahre, da sie mich sowohl zur Kirche hin und auch wieder nach Hause bringen musste ...

Endlich war der erste Engelamts-Freitag gekommen. Um fünf Uhr früh hieß es aufstehen – eine Zeit, die einen eher an den Ostermorgen denken lässt. Wie ein Blitz aber sprang ich aus den Federn, war in Null-Komma-Nix gewaschen, hergerichtet, angezogen und abmarschbereit. Das große Abenteuer Engelamt konnte beginnen. Natürlich übersah ich all die vielen Dinge, die meine Mutter erledigen musste. Ich kümmerte mich ja nur um mich selbst, während sie eine vierköpfige Familie zu versorgen hatte.

Es musste alles für uns Kinder für die Schule und für meinen Vater für die Arbeit vorbereitet werden, Frühstück hergerichtet, der Küchenofen eingeheizt werden und spätestens um halb sechs Uhr liefen wir zur Kirche. Dort angekommen waren nicht sehr viele Menschen unterwegs, nur ein paar gingen in Richtung Kircheneingang, viel weniger als am Sonntag. Bisher kannte ich nicht einmal den Begriff »Engelamt«, geschweige denn »Rorate«, eigentlich hatte ich auch sonst überhaupt keine Ahnung, was mich da erwartete. Jetzt aber war es mein wirklich erstes Mal, eine absolute Neuentdeckung. Zwar hatte mir meine Mutter ein paar Mal davon erzählt, wie sie als Kind diese Gottesdienste besuchte. Aber jetzt war für mich natürlich alles neu und aufregend. Alles war dunkel, kein Licht erstrahlte aus den großen Kirchenfenstern. Ich fürchtete schon, dass vielleicht gar keiner kommen würde außer uns paar Leuten auf der Straße. Aber die Kirchentüren waren aufgesperrt und die Außenbeleuchtung am Eingang brannte. Wir traten in die Kirche ein und es war wirklich absolut finster. Jemand steckte uns von der Seite eine Kerze zu und eine andere Person kam mit einem brennenden Docht auf uns zu und zündete die Kerzen an. Meine Mutter nahm ihren Platz in der Kirche ein, während ich ganz geschäftig und wichtig seitlich in die Sakristei nach vorne lief. Dort waren ein Priester und ein paar andere Ministranten bereits fertig angezogen, alles war ganz ruhig, niemand sprach irgendetwas, nur Pfarrer und Mesner tuschelten ein bisschen, als sie sich über die liturgischen Bücher beugten. Es roch bereits sehr intensiv nach Weihrauch. Ja, es sollte wirklich wie in einem Hochamt sein, so wie man es mir versprochen hatte bei der Diensteinteilung der Ministranten. Es war kurz vor sechs Uhr, wir standen alle bereit zum Einzug in die Kirche, alle mit unseren Kerzen in der Hand. Die beiden größeren Ministranten kamen mit dem brennenden Weihrauchfass und stellten sich vor uns auf, die Glocke wurde gezogen, die Orgel spielte auf, nicht pompös, aber dennoch sehr feierlich und getragen, anmutend, lieblich und einladend zugleich.

Wir gingen in die Kirche hinaus und es war wirklich so: Alles blieb dunkel, kein elektrisches Licht ging an, alle Menschen in der Kirche – und sie war plötzlich fast voll besetzt – hatten nur ihre Kerzen als einzige Lichtquelle in der Hand. Die Lieder waren ohnehin so bekannt, da musste niemand ein Liederbuch benutzen. Und so haben wir Gottesdienst gefeiert. Und ich kam aus dem Staunen nicht mehr heraus. In der Kirche war es saukalt und bei jedem Menschen in der Kirche sah man im Kerzenschein, der nur die Gesichter erhellte, wie der Atem aus Mündern und Nasen aufstieg. In den späteren Jahren hielt ich mir dann gerne mal verstohlen die Ohren zu und versuchte am Rhythmus des Atems bei den Gottesdienstteilnehmern herauszufinden, was die Leute gerade singen oder beten. Auf alle Fälle war in diesem Moment jede morgendliche Hürde wie weggeblasen. Vergessen war das frühe Aufstehen, die Müdigkeit, der Hunger, der sich immer deutlicher meldete in der Magengrube. Alles war so unglaublich feierlich und tragend, so erhaben und beschwingt zugleich. Das Ambiente, die Dunkelheit, der Gesang, die Beschreibung, wie der Engel Gabriel zu Maria kommt und sie anspricht und sie ihr »Ja« zu ihm sagt – es passte einfach zusammen. Ich hatte wirklich das Gefühl: »Hier bin ich jetzt gemeint!« Das also war der Sinn dieser Frühmesse. Wir alle sollten es leibhaftig spüren, dass wir angesprochen sind und jetzt von uns eine Antwort kommen muss. Eigentlich haben wir sie ja schon gegeben, sind zu nachtschlafender Zeit aufgestanden, haben alles organisiert und sind hierhergekommen!

Mir war damals nicht bewusst, welche ungeheure Mehrbelastung das alles vor allem für meine Mutter und die vielen anderen hier in der Kirche wohl bedeutete. Nach dem Gottesdienst hieß es schnell nach Hause laufen, Schulranzen umlegen und ab zur Trambahn rennen, damit ich gerade noch rechtzeitig in die Schule kam. Heute jedenfalls kann ich sagen, dass mich diese Rorateämter ein Stück reifer gemacht und mir vor allem das Weihnachtsgeheimnis nähergebracht haben. Ich habe gelernt, dass es auch an mir liegt und meiner Bereitschaft, das eine oder andere Opfer zu bringen, um dann an Weihnachten vielleicht besser zu verstehen, was für ein großes Opfer unser Herrgott auf sich genommen hat, als er um unseretwillen Mensch unter uns Menschen geworden ist.

4. Dezember

Heilige Barbara – nicht nur, weil sie so schön war!

»Margarete mit dem Wurm, Barbara mit dem Turm, Katharina mit dem Radl – das sind die drei heiligen Madl!« So lautet in der bayerischen Mundart ein sehr einprägendes Sprichwort und bezeichnet drei urchristliche Frauen, die auch als Bauernpatroninnen unter den 14 Nothelfern bezeichnet werden.

Und am 4. Dezember wird einer der dreien besonders gedacht, es ist der auch heute noch bei vielen bekannte Barbaratag! Das liegt vor allem an dem liebenswerten Brauch, an diesem Tag Zweige – meist von Obstbäumen – im Garten abzuschneiden und sie zu Hause in eine Vase zu stellen, sodass sie pünktlich zum Heiligen Abend austreiben und ihre grünen Knospen und Zweige zeigen. So soll das Bibelwort der Weihnachtszeit »Und es wird ein Reis hervorgehen aus dem Stamm *Isais* und ein *Zweig* aus seiner Wurzel Frucht bringen« (Jes 11, 1) sichtbar werden, damit auch wirklich jeder begreift, dass der Messias, der Heiland zu uns kommen wird! Die Zweige sollen zu Weihnachten blühen und Hoffnung verdeutlichen, die die Geburt des Erlösers in unsere Nacht gebracht hat. Wer fest daran glaubt, der soll das auch erleben können und eine die fest daran geglaubt hat, ist die Heilige Barbara selbst.

Schon als Kinder haben wir ihre Geschichte immer wieder erzählt bekommen – und voller Aufmerksamkeit zugehört, denn diese Geschichte ist spannend! Natürlich ist es eine Legende und keine Reportage, aber den Unterschied musste man uns nicht unbedingt erläutern. Wie in jeder Legende geht es auch bei der der Heiligen Barbara um eine verborgene Wahrheit und die herauszufinden, das war einfach nur spannend. Gelebt und gestorben im 4. Jahrhundert hat sie etwa 1000 Jahre später den Propheten Daniel als Patronin des Bergbaus abgelöst. Jener hatte, wie im Alten Testament beschrieben, in der »Löwengrube« gesessen, Barbara verbrachte ihr Leben eingesperrt in einen Turm, der sie auch zur Patronin der Tunnelbauer macht.

Barbara war die schöne Tochter des wohlhabenden heidnischen Kaufmanns Dioscuros. Sie hatte alles: Ein schönes Zuhause, eine gute Ausbildung, viele ihrer Wünsche wurden erfüllt. Nur eine Christin sollte sie nach dem Willen ihres Vaters nicht werden oder gar den falschen Mann heiraten. So ließ sie der Vater in einen Turm einsperren, in dem sie von guten Lehrern unterrichtet wurde, aber perfekt von der Außenwelt abgeschnitten war. Trotzdem erfuhr sie vom Christentum und ließ sich heimlich taufen.

Als sie nach dem Willen ihres Vaters einen Heiden heiraten sollte, verweigerte sie sich und erklärte, dass sie Christin sei. Ihr Vater reagierte wütend, jähzornig und unerbittlich: Vor die Wahl gestellt, den heidnischen Kandidaten zu heiraten oder grausam bestraft zu werden, floh Barbara vor dem Vater, der sie daraufhin mit gezücktem Schwert verfolgte.

Die Legende erzählt weiter, wie sich für Barbara auf der Flucht die Felsen öffneten und sie sich vor ihren Verfolgern verstecken konnte. Ein Hirt aber hatte dies beobachtet und verriet sie an ihren Vater. Hier knüpft die Legende an den Verrat des Judas an Jesus an. Barbaras Vater ließ sie nach Hause schleppen und schwer misshandeln. Aber alle diese Torturen und Qualen konnten Barbara nicht brechen. Darum ließ sie ihr Vater wegen Hochverrats zum Tode verurteilen und noch mal furchtbar foltern. Niemand glaubte mehr, dass sie die nächste Nacht im Verließ mit all ihren Verletzungen am ganzen Körper überstehen würde. Aber ein Engel des Herrn eilte in der Nacht herbei, heilte alle ihre Wunden und versprach ihr, in allem beizustehen. Immer und immer wieder wurde Barbara schwer misshandelt, sie aber blieb standhaft und betete: »Deine Hand, o Herr, verlasse mich nicht. In dir kann ich alles, ohne dich vermag ich nichts.« Das berühmte Barbaragebet hat uns unsere Mutter sehr oft beim Einschlafen vorgebetet. Schließlich wurde Barbara zum Tode durch Enthauptung verurteilt.

Noch vor ihrem Henker – der dann auch noch ihr eigener Vater gewesen war – dankte sie öffentlich für die ihr verliehene Gnade, für Christus und ihren Glauben an Gott sterben zu dürfen. Die christliche Tradition kennt seitdem die feste Überzeugung, dass kein Mensch, der die Heilige Barbara anruft, ohne die Hilfe der heiligen Sterbesakramente sterben müsse. Ihr grausamer Vater enthauptete sie, wurde jedoch kurz darauf selbst vom Blitz erschlagen. Dies alles soll an einem 4. Dezember geschehen sein. Die heilige Barbara wurde mit dieser Legende zur Garantie für den Zugang ins himmlische Paradies. Dass sich ihr damals bei ihrer Flucht die Felsen öffneten, ist vor allem für die Bergleute wichtig gewesen. Durch ihre Fürsprache sollte die gefährliche Arbeit unter Tage nicht zur Todesfalle werden.

Heute haben wir uns so sehr an den Namen der Heiligen gewöhnt, nur selten weiß jemand um die alte Bedeutung dieses Namens. »Barbara« heißt eigentlich wörtlich übersetzt »die Fremde«. Etwas gröber oder unhöflicher übersetzt »die Wilde, die Ungebildete, die Andere«. Wir sprechen ja auch vom »Barbaren«, wenn wir wüste Menschen damit beschreiben wollen. Und in der Leidensgeschichte lässt der Statthalter Pontius Pilatus statt Jesus von Nazareth einen Verbrecher mit Namen »Barrabas« frei, denn das wütende Volk will unbedingt Jesus gekreuzigt sehen. Die Ähnlichkeit der beiden Namen hat mich schon als Kind sehr betroffen gemacht. Barbara war darum wohl ursprünglich kein Rufname, sondern eher ein Spitzname, der dem wirklichen Rufnamen hinzugefügt wurde: »Barbarin« haben sie diese schöne junge Frau, die so fest an Christus glaubte, genannt. Die Heilige Barbara ist dann wirklich so etwas wie eine Andersartige, eine nicht Eingegliederte oder Integrierbare gewesen, die auf die Menschen um sie herum, die dem Glauben fremd waren, fremd wirken musste. So wurde sie in ihrer damaligen Welt zu einer Geächteten. Nicht selten passiert das – wenn auch nicht so brutal und mörderisch – auch in unserer Umgebung. Gläubige, z. B. Jugendliche, die gerne in die Kirche gehen und sich kirchlich engagieren, werden milde belächelt, wenn nicht sogar verspottet. Ihnen rate ich immer nur, sich getrost an die Heilige Barbara zu wenden.

Ganz wichtig in der Legende der Heiligen Barbara ist der Turm. Er ist ja das »Rückzugsgebiet« der Heiligen, das ihr Sicherheit und Halt gibt. Der Turm war in der Antike und im Mittelalter schon immer das befestigte Haus des Adels. Nicht ohne Grund reden wir auch von einem »Hochwohlgeborenen«, wenn wir einen adeligen Menschen beschreiben wollen. Aber auch der widerstandsfähigste Turm ist auf die Dauer nichts wert, wenn er keinen Brunnen in die Tiefe hat. Erst der freie Zugang zum Leben spendenden Wasser macht den Turm zu einem lebensrettenden Ort. Ein Turm allein ist zu wenig, erst der verborgene, nicht sichtbare Tiefgang macht ihn wichtig. Bei der Heiligen Barbara steht der Turm für ihre Reinheit und Jungfräulichkeit, die sie auch gegen den Willen ihres Vaters nicht aufgeben will. Wie ein Turm blieb sie standhaft. Nicht das Bollwerk allein aber gibt Stärke, sondern seine Verankerung. Der unerschütterliche Glaube der Heiligen Barbara ist wie diese verborgene Trinkwasserquelle in einem Turm und der ließ sie nicht wanken oder gar stürzen.

Auch wichtig im Advent ist die Lichtsymbolik. Schon Wochen vorm Advent beim Fest des Heiligen Soldaten Martin tragen wir das Licht in die Dunkelheit hinaus und eröffnen so die Zeit der Vorbereitung auf die Ankunft des Herrn. Der Heilige Nikolaus spendet Licht durch sein Tun, die Heilige Lucia wird zur Lichtträgerin, die ihre Gaben zu den Bedürftigen bringt. Und die Lichter des Christbaumes verweisen auf das »Licht der Welt«!

Auch die Heilige Barbara ist eine Lichtbringerin, denn in ihr spiegelt sich das Licht der Christusnähe wider. Das wollen dann die Barbarazweige ausdrücken: Was am Barbaratag noch wie tot aussieht, wird in der Heiligen Nacht blühen und das Leben in seiner Fülle zeigen. In den Knospen und Blüten leuchtet uns das Leben entgegen. In der längsten Nacht des Jahres wird so der Sieg des Lichtes angekündigt.

Genau das sind die handfesten Wahrheiten, die man in Legenden finden kann – Wahrheiten, die über den Tag hinaus Gültigkeit besitzen. Diese Wahrheiten sind immer etwas versteckt, aber die Legenden sprechen sie in Bildern und Symbolen aus. Unsere oft oberflächliche Sprache hat meist wenig Tiefe, solch religiöse Überlieferungen aber haben Tiefen und Wahrheiten, die wir heute noch entdecken dürfen.

5. Dezember

Jesaja – der Mann des Advents

Die Advents- und Weihnachtszeit wird geprägt von vielen Persönlichkeiten und Gestalten. Ohne sie würden wir das Geheimnis der Weihnacht nicht so leicht verstehen. Die Heilige Barbara haben wir schon kennenlernen dürfen, etliche kommen noch: Nikolaus, Lucia, natürlich Maria und Josef, die Hirten, ein Johannes der Täufer, die Magier aus dem Morgenland, die vielen anderen Mitspieler wie der Kaiser Augustus, der Statthalter Quirinius und König Herodes, der Heilige Stephanus, der erste Märtyrer, Papst Silvester am Jahresende und noch viele mehr. Eine ganz besondere Gestalt aber, weil sie viele Jahrhunderte vor dem Weihnachtsgeschehen bereits auftritt, ist der alttestamentliche Prophet Jesaja. Er ist sozusagen der Weihnachtsprophet schlechthin und in vielen adventlichen und weihnachtlichen Bibeltexten lässt man Jesaja im Voraus deuten und beschreiben, was die Geburt des Jesuskindes für uns Menschen eigentlich bedeuten wird.

Ein Prophet tritt nicht einfach so auf die Bühne. Er bekommt immer seinen ganz eigenen Auftrag, gemessen an der jeweiligen Situation, in der er und die Menschen, für die er da zu sein hat, sich befinden. Ob Jesaja, Jeremia oder Ezechiel und alle anderen Propheten: Sie hatten immer ganz konkrete Aufgaben in ihrer Zeit übertragen bekommen, und zwar direkt von Gott selbst. Er allein beruft seinen Propheten und wenn dieser seine Berufung später schildert, ist das wie das Vorzeigen eines Dienstausweises.

Jesaja hat bei seiner Berufung gleich zwei Aufträge bekommen: Er sollte erstens die Verstockung und Sturheit des Volkes Israel ihrem Gott Jahwe gegenüber aufzeigen, sollte ihnen die Augen für ihre Blindheit öffnen und sie herausfordern. Wenn dann aber seine Bestrafung, das Gericht folgt, weil das Volk trotzdem nicht gehorcht und nur ein kleiner Rest vom ganzen Volk übrig bleibt, dann sollte er – zweitens – nicht einfach davonlaufen, sondern bei seinem ihm anvertrauten Volk bleiben, mitten in der Not, und er soll ihm, dem kleinen Rest, wie er es dann nennt, Mut zusprechen: Niemals würde es alleine bleiben. Gott wird immer mit ihm sein und alle Wege mit ihm gehen, wohin die auch führen, wenn sie sich ihm nur vertrauensvoll zuwenden. Es wird auf alle Fälle eine Heilsgeschichte werden! Das ist die Grundaufgabe eines guten Propheten: Mittendrin statt nur dabei! Er leidet und er freut sich mit dem Volk, für das er berufen ist. Propheten sind mutige Menschen, sie mögen sich vielleicht fürchten, wie jeder von uns, in brenzligen Situationen, aber sie laufen nicht davon. Der Prophet Jesaja ist so einer und so wird auch er als ein »ganzer Kerl«, als richtiger Mann, stark und muskelbepackt, dargestellt. Er ist ein Mann, der sich nicht so leicht einschüchtern lässt, ein echter Kämpfer eben, eine Heldengestalt. Menschen brauchen und wollen immer solche Helden um sich haben, denken wir nur an die vielen Idole in der Film- und Sportwelt. Nicht anders ist es in der Bibel. Wichtig ist nur, dass es auch die richtigen Helden sind, denen wir folgen, und nicht billige Verführer, die uns nur etwas vormachen, was gar nicht wahr ist.

Jesaja war für die Christen von Anfang an der Prophet des erwarteten großen Heils, das in Jesus von Nazareth sichtbare Wirklichkeit geworden ist. In seinen Ankündigungen des kommenden Heils, wenn der Messias zu seinem Volk kommen wird, genauso wie in den Liedern vom sogenannten leidenden Gottesknecht entdeckten die Christen deutliche Hinweise auf Jesus Christus. Schon sehr früh nannten sie den Jesaja auch liebevoll den »Evangelisten des Alten Bundes«.

Für seinen unerschrockenen Mut und sein unüberhörbares Auftreten ist Jesaja auch bestraft worden, und zwar von denen, denen er mit seinen Worten in ihrer irdischen Macht gefährlich geworden ist. Unter König Manasse schließlich ist er den Märtyrertod gestorben, weil er es ganz deutlich ausgesprochen hat, was diese Leute, die das Volk in den Abgrund führten, in seinen Augen seien: ein einziger Abschaum. In völliger Abhängigkeit einer fremden Militärmacht, die sich der König selbst ins Land geholt hat, haben die Menschen ihren Gott vergessen, haben fremde Totenkulte und sogar Kinderopfer zugelassen.

Jesaja spricht eine deutliche und harte Sprache, manchmal richtig derb. Mit Sodom und Gomorra vergleicht er ganz Jerusalem. Und da soll der Messias einkehren? Niemals, so der Prophet. Diese Rechnung machen die Menschen und ihr König ohne ihn. Man war damals nicht gerade zimperlich, wenn es darum ging, andere zu bestrafen oder zu foltern. Von Jesaja heißt es, er sei bei seiner Verfolgung vor dem König in einen hohlen Baum geflohen. Der König ließ diesen kurzerhand in der Mitte auseinandersägen. Darum wird auf Bildern dieser große Prophet immer auch mit einer Schriftrolle, die für seine Schriften steht, und einer Säge, die seinen brutalen Tod andeutet, dargestellt. Die Geschichten in unserer Heiligen Schrift, der Bibel, sind manchmal wirklich sehr grausam. Aber wenn das Volk sich bekehrt und seinem Gott wieder vertraut, dann wird er wirklich zu ihnen kommen, verheißt Jesaja vor seinem gewaltsamen Tod dem übrig gebliebenen Rest des gläubigen Israel. Dann wird dieser Messias euch ein »Gelage« bereiten, beschreibt er es, ein richtiges Festmahl mit besten Speisen und erlesensten Weinen!

Wir alle haben an unseren Krippen neben Maria und Josef, dem Jesuskind, den Heiligen drei Königen aus dem Morgenland, den Hirten mit ihren Schafen immer auch einen Ochs und einen Esel stehen. Als wir Kinder damals unsere Krippe zu Hause aufstellten, die bis heute jedes Jahr zur

Weihnachtszeit ihren Platz unterm Christbaum findet, haben uns unsere Eltern erklärt, wieso Ochs und Esel nie fehlen dürfen: Dieser Prophet Jesaja ist der Grund dafür. Weil sich das Volk so störrisch seinem Gott gegenüber benahm und ihn nicht mehr respektierte, sich dafür lieber den weltlichen Herrschern und ihren Plänen hingab, die am Ende ins totale Chaos führen würden, hat Jesaja ihnen zugerufen: »Schaut hin! Ochs und Esel erkennen ihren Herrn, du aber, Volk Israel, du bist blind, du erkennst ihn nicht!« (Jes 1, 3)

Das war eine deutliche Ansage, wenn ein Prophet das ganze Volk mit einem Ochsen und einem Esel vergleicht, Tiere, die Gras fressen und zum Arbeiten auf dem Feld und zum Lastentragen genügen, mehr aber nicht wert waren. Aber genau das machten die Menschen doch, in den Augen Jesajas: Diesen Verführern da draußen, den Königen und Soldaten ihre Lasten tragen, ihre Kriege finanzieren und sonst zu nichts wert sein. Ihren Gott aber haben sie vergessen, schauen ihn nicht einmal mehr an.

In unserer Krippe war es immer ganz wichtig, dass Ochs und Esel nicht irgendwo im Stall herumliegen oder -stehen, sondern ganz nah an der Futterkrippe mit dem Kind stehen und das Jesuskind direkt anschauen. Auf einigen alten Gemälden vom Stall in Bethlehem sieht man sogar, dass Ochs und Esel richtige menschliche Gesichter haben, als seien es ebenfalls Menschen, die da neben der Krippe stehen und das Jesuskind betrachten. Die Botschaft kann im wahrsten Sinne des Wortes jedes Kind verstehen, so wie wir es beim Aufstellen unserer Krippe getan haben: Dieses Kind da in der Krippe, vielleicht war es sogar nur eine Erdmulde, in dem Heu und Stroh lagen, das eigentlich für die Tiere gedacht war, dieses Kind ist dein Herrgott, dein Messias! Nein er hat nicht zu viel versprochen. Er ist wirklich zu dir gekommen, wie er schon durch den Propheten verheißen hat. Das Gelage, das Festmahl kann beginnen. Der Heiland ist da. Siehst du ihn? Und schau ruhig weiter: So wie normalerweise Futter für das Vieh in einer solchen Krippe liegt, ist es hier das Christuskind, der Messias, der für uns alle da ist. Auch er wird unser Futter sein. Er wird uns zur Speise werden, zum Brot für das ewige Leben, denn er wird sein Leben für uns hingeben am Kreuz, weil er uns über alles liebt. Ja, es gibt eine Liebe, die alles auf sich nimmt, nur um den Anderen zu retten. Krippe und Kreuz gehören seitdem immer eng zusammen und dürfen nie getrennt werden.

Als Allerletztes hat unser Vater zu Hause immer noch einen Stein in die Krippe hineingelegt. Auf unsere Frage, was er bedeuten soll, hat er uns dann geantwortet: »Alles, was ihr hier in der Krippe seht, ist wirklich wahr und passiert. Der Stein ist der älteste Zeuge dafür. Der Heiland ist wirklich zu uns gekommen und der Prophet hat recht gehabt mit seiner Verheißung!«

6. Dezember

Nikolaus – nur das Gute hat das letzte Wort

Heut ist Nikolausabend da! Er ist mit Abstand die bekannteste Gestalt der Adventszeit und auch ein rot gekleideter »Santa Claus« oder »Coca-Cola-Weihnachtsmann« werden ihn nicht verdrängen. Der Heilige Bischof Nikolaus hat sich ganz tief in unser Bewusstsein eingeprägt und gerade in den letzten Jahren erlebt er auch im Handel in den Geschäften eine Renaissance als heiliger Bischof. Die Kunstfigur des »Weihnachtsmanns« mag ihn vielleicht kopieren, der Bischof Nikolaus aber ist der echte und vor allem authentische heilige Mann. Es hat ihn nicht nur wirklich gegeben, er ist sogar überhaupt dafür verantwortlich, dass das Christentum alle Krisen und Anfechtungen überstehen konnte und dass es den christlichen Glauben heute noch gibt. Nikolaus war einer der Bischöfe, die das gemeinsame Glaubensbekenntnis des ersten ökumenischen Konzils von Nicäa 325 n. Chr. ausgearbeitet und unterzeichnet haben. Kaiser Konstantin selbst hatte dieses Konzil einberufen, damit eine gemeinsame Lehre ausformuliert und damit die Einheit zwischen den verschie-

denen Zweigen des jungen Christentums gesichert werde. 318 Bischöfe haben sich klipp und klar dazu bekannt, dass dieser Jesus Christus ganz und gar Gottes Sohn, wahrer Mensch und wahrer Gott zugleich ist. Zum ersten Mal wurde die Lehre von der Heiligen Dreifaltigkeit formuliert und bestätigt, dass alle drei – Vater, Sohn und Heiliger Geist – in gleicher Weise als Gott bezeichnet und angebetet werden sollen. Nikolaus, der Bischof von Myra, in der heutigen Türkei gelegen, war also wirklich ein gescheiter und beeindruckender Mann, der gehört wurde und eine Führungsrolle in der noch jungen Kirche eingenommen hatte. Es ging damals um nicht weniger als darum, ein Auseinanderbrechen der jungen Kirche zu verhindern. Denn für eine große Glaubensgemeinschaft wäre es zerstörerisch, wenn es keine gemeinsame Glaubensvorstellung mehr gäbe und jeder nach seiner eigenen Idee seinen Herrgott beschrieben hätte.

Die wichtigste Idee, um die es dem Heiligen Bischof Nikolaus ging und um die es auch heute noch geht, ist das Vorbild der Liebe, das uns dieser Christus geschenkt hat. Alle Geschichten und Legenden, die man sich von ihm erzählt, kreisen immer um diese Liebe, die Nikolaus konsequent gepredigt und vorgelebt hat. Dabei gehört es zu dieser Liebe, dass sich der Liebende nie selbst in den Vordergrund stellt. Das Wichtigste sind immer die gute Tat und der Mensch, der Hilfe erfährt. Die berühmteste Erzählung ist ganz sicher die Geschichte von den drei Goldklumpen, die Bischof Nikolaus nachts und unbemerkt in das Fenster eines armen Mannes legte, damit dieser nicht seine drei Töchter verkaufen muss, um selber überleben zu können. Nikolaus verhalf ihm und seinen Töchtern, dass sie auch weiterhin zusammenleben und füreinander da sein konnten. Echte Liebe ist eben niemals aufdringlich, sie ist bescheiden und zurückhaltend, will nur helfen und andere glücklich machen.

Bischof Nikolaus steht mit seinem Beispiel der unermüdlichen und verborgenen Liebe zu den Menschen für eine ganz wichtige Schwelle in der Entwicklung der Christenheit. Die Zeit der Christenverfolgungen ist zu Ende und es waren eben nicht mehr nur Märtyrer, die man als Heilige auserkor und betrachtete. Man begriff, dass es immer um die Güte der Liebe im Alltag gehen muss, die solche heiligen Menschen kennzeichnet. Nikolaus wird darum auch gerne der erste »unblutige Märtyrer« genannt. Für seine Liebe musste er nicht gewaltsam sterben, aber doch war er jeden Tag aufopfernd für die Menschen im Einsatz. Nichts anderes als diese Liebe und Güte stellt der heilige Bischof Nikolaus dar, wenn er am Abend des 6. Dezember auf unseren Straßen unterwegs ist zu den Kindern nach Hause. Einen drohenden, ermahnenden Nikolaus, der den Kindern Angst macht braucht es heute nicht mehr. Genauso wenig aber sollte er zur Witzfigur oder »A-Dabei-Gestalt« bei Christbaumversteigerungen verkommen.

Auch wenn er ein gütiger Mann ist, wie die Kinderlieder ihn gerne besingen, man ist ja halt doch aufgeregt, wenn man als Kind einen so hohen Besuch bekommt wie ihn. Zumal er ja nicht allein kommt. Meistens war da früher auch noch der andere, dieser dunkle Gesell, der »Knecht Ruprecht« oder auch »Krampus« genannt, an seiner Seite. Dem Nikolaus haben wir natürlich vertraut als Kinder. Er sieht sehr würdevoll aus, keine Frage. Seine Größe mit seiner großen Mitra, der Bischofsmütze, auf dem Kopf machte ihn noch erhabener, sodass sogar unsere Eltern neben ihm klein aussahen. Deswegen musste man aber noch lange keine Angst vor ihm haben. Trotzdem: Sein Vorlesen aus dem goldenen Buch und wenn er dann auch noch zu uns mit seiner tiefen Stimme sprach, das alles war schon sehr Respekt einflößend. Alles machte uns sprachlos und blitzartig anständig und brav. Allein wenn er die Wohnung betrat, wir Kinder im Wohnzimmer auf ihn warteten, mein Vater ihn an der Tür begrüßte, es waren so überirdisch magische und herrliche Momente zugleich. Jetzt betritt ein unvergleichlich Großer unsere kleine Wohnung, er nimmt Besitz von ihr und er hat jetzt das Sagen. Ich fragte mich immer, wozu er sein goldenes Buch überhaupt noch brauchte. Er wusste ohnehin alles von mir. Es gab kein Entkommen mehr, aber irgendwie wollte ich das auch nicht. Ich war stolz, dass er jetzt bei uns war, auch wenn ich nicht unbedingt gerne alleine mit ihm gewesen wäre. Man weiß ja nie.

Ja sicher, da war ja eben auch noch der Krampus ...! Jedenfalls waren mein Bruder und ich schon den ganzen Tag über am 6. Dezember aufgeregt, wenn wir erfahren haben, dass der heilige Mann heute Abend, wenn es dunkel ist, auch zu uns kommen wird. Es war so eine Gefühlslage zwischen großer Euphorie und doch einer gewissen Unsicherheit. Es wird schon alles gut gehen, und immer wieder und wieder ging man alles durch, was er uns dann doch an schlechten Beispielen vorhalten könnte.

Die Spannung stieg und stieg ins Unermessliche, je dunkler es draußen wurde. Wir wussten nicht mehr, wo in der kleinen Wohnung wir uns noch aufhalten könnten. Beim Fenster lugten wir hinaus, ob wir ihn nicht irgendwo da draußen umherlaufen sehen würden. Dann urplötzlich, wie aus dem Nichts, läutete es an der Tür und es war jedes Mal an diesem Abend ein ganz andres Läuten als sonst übers Jahr, wenn Besuch zu uns kam. Schon an diesem Läuten wussten wir: Jetzt ist Bischof Nikolaus da! Jetzt wird es ernst – und mit ihm sein unberechenbarer Kumpan.

In unserem einfachen Siedlungshaus – wir wohnten im dritten und obersten Stockwerk – gab es im Treppenhaus nur ein Metallgitter zwischen den Stockwerktreppen, das sich von unten bis in den Speicher hinauf spannte. Es war zwar stabil, aber dennoch konnte man daran rütteln und man konnte – das war das Schaurige an diesem Abend – auch fürchterlich Krach machen damit. Wir Kinder durften das normalerweise nicht tun, aber wenn der Bischof Nikolaus kam, war alles genehmigt. Dabei wäre er, der Nikolaus, sicher nicht auf die Idee gekommen, an diesem Gitter zu rütteln oder mit irgendwas darauf dreinzuschlagen. Dafür war ja der Krampus dabei, diese üble Gestalt, über und über in Fetzen gekleidet, das Gesicht ganz verzerrt, eine Kette mit Stierhörnen um die Hüfte, den Sack in der einen Hand und eine Rute aus Weidenstecken in der andern. Dass er uns in diesem Sack mitnehmen würde, habe ich eigentlich fast nie so richtig geglaubt, bedrohlich war es trotzdem. Und zugeschlagen mit seiner Rute hat er auch nie, vielleicht dass er ein-, zweimal damit auf den Boden geklopft hat, wenn Nikolaus mir wieder vorsagte, wo und wann ich nicht brav gewesen war. Aber das war's dann auch schon mit der oberhirtlichen Standpauke. Schon sehr früh fiel mir auf, dass da zwischen den beiden, Nikolaus und Krampus, ein eingespieltes Ritual ablief. Niemals wäre Krampus einfach so auf uns Kinder los- oder auch nur auf uns zugegangen. Er verharrte eigentlich immer auf seinem Platz, fast regungslos, außer er wedelte bei schweren Verfehlungen unsererseits mit seiner Rute oder wirbelte mit seinem Kuhschwanz in der Hand. Jedenfalls staunte ich immer wieder, wie sehr er dem Bischof Nikolaus gehorchte. Ein Blick, ein kurzes Wort und schon war er völlig ruhig. Wurde er einmal zu unruhig, wurde er sofort wieder ermahnt und hielt sich ganz still. Und aus dem Sack, von dem es doch hieß, böse Kinder würde da hineingesteckt werden, zauberte Bischof Nikolaus am Ende seiner Ansprache und seiner Ermahnungen an uns seine Mitbringsel. Das war sehr beeindruckend, wie der gute Bischof Nikolaus, der den Menschen so viel Liebe bringen will, den Krampus ganz fest im Griff hat. Das Gute ist also doch immer stärker als das Bedrohliche und Böse, das Angstmachende und Dunkle in dieser Welt. Das habe ich gelernt an den Abenden des 6. Dezember – bis er nicht mehr zu uns kam. Sein Werk war getan. Wir hatten verstanden und würden immer voller guter Erinnerungen an ihn denken, hat er uns doch die wichtigsten Jahre unseres Kinderlebens begleitet.

Ich kann all den jungen Familien nur wünschen und raten: Macht aus dem Nikolausabend ein richtiges Fest. Droht euren Kindern nicht mit dem heiligen Mann, aber lasst ruhig eine gewisse Spannung zu. Sie lernen so viel in diesen Begegnungen mit dem Heiligen: Erwartung, Spannung, Aufregung, Neugier, Staunen, erste Gewissenserfahrungen und dann die Erlösung. In der Rückschau waren die Nikolausabende zu Hause wie eine erste Einführung in die Gewissensforschung und die heilige Beichte. »Wenn du eine Kirche siehst, du mir nicht daran vorübergehst, sondern darin den Herrn grüßt, der für deine Sünden büßt!« So hat uns Nikolaus einmal ermahnt, uns, die wir ohnehin immer in den Gottesdienst gingen. Aber vielleicht hatte er auch nur selber Freude an diesem Reim. Jedenfalls war der Nikolausbesuch immer ein großes Fest daheim. Alle durften erlöst und voller Freude sein. Es geht an diesem Abend eben nicht um große Geschenke. Kleine Aufmerksamkeiten, die uns zeigen, auf welchem Weg wir uns hier gerade befinden, genügen vollkommen. Der moderne Brauch des »Wichtelns«, bei dem sich Menschen durch Losentscheid heimlich in der Adventszeit beschenken, ist nur ein profaner Ableger des Beschenktwerdens durch Bischof Nikolaus. Immer aber muss es um den

Heilsweg gehen, denn der Heiland ist ja schon unterwegs zu uns. All die Süßigkeiten, Äpfel, Nüsse und Schokolade sind nur ein Vorgeschmack dafür, dass noch viel mehr auf uns wartet.

7. Dezember

Plätzchen-Rallye

So ein Weihnachtsplätzchen hat kein leichtes Leben! Es ist beliebt und begehrt bei Klein und Groß, bei Alt und Jung, und dennoch wird es – ausgiebigen Verzehr vorausgesetzt – angeklagt. Zusammen mit allen anderen Süßigkeitenspezies wird es verleumdet, beschuldigt und für unsere Körpergewichtszunahme nach den Festtagen verantwortlich gemacht. Als ob es nur die paar Plätzchen gewesen wären! »Dick wird man nicht zwischen den Jahren von Weihnachten bis Dreikönig«, sagte einmal ein deutscher Spitzenkoch, »zwischen Dreikönig und Weihnachten – da nehmen wir zu!« Es wird also Zeit, dem wichtigsten Accessoire der Weihnachtszeit, dem – vor allem selbst gebackenen – Plätzchen beizuspringen und ihm die ganze würdigende Aufmerksamkeit zu schenken, die ihm gebührt.

Wenn es ein biblisches Gebäck gibt, dann ist es ziemlich sicher dasjenige, das an Weihnachten hergestellt und zum Verzehr angeboten wird. Die Begriffe »Milch und Honig« sind gar nicht selten in der hebräischen Bibel, also im Alten Testament. Am bekanntesten ist ganz sicher die Verheißung

im Buch des Propheten Jeremia, wo es heißt: »Nur so kann ich den Eid halten, den ich euren Vätern geschworen habe: ihnen ein Land zu geben, in dem Milch und Honig fließen, wie ihr es heute habt.« (Jer 11, 5) Honig ist hier ein deutlicher Hinweis darauf, dass es sowohl viele Bienen und damit auch viele blühende Pflanzen und Fruchtsirup gibt. Milch wiederum setzt Milch gebende Haustiere und deren Fruchtbarkeit voraus. Während Milch jedoch – auch in verarbeiteter Form – nur kurze Zeit haltbar ist, ist Honig besonders lange genießbar. Überfluss an Milch und Honig jedenfalls sind ein besonders eindrückliches Beispiel für nahrhafte Lebensmittel, für üppige Fruchtbarkeit, für ein kultiviertes Land mit Bienenzucht und Haustierhaltung, also mit reichen Lebensmöglichkeiten und darüber hinaus dann natürlich auch für Gottes reichen Segen.

Dazu kommt: Milch und Honig als Flüssigkeiten sind ja gar nicht zählbar. Wenn also in diesem von Gott verheißenen Land Milch und Honig sogar fließen wie das Wasser, muss die versprochene Wonne unüberschaubar sein. Schon immer, seit der Mensch denken kann, ist der Überfluss an nahrhaften Lebensmitteln in Zeiten und Gegenden, wo man den Hunger besser kennt als das Sattsein, ein immerwährender Traum. Ein Traum von einem Ort zum Leben, an dem es keine Sorgen mehr gibt, alles zum Besten gerichtet ist und niemand mehr irgendwelche Gefahren fürchten müsste. Das ist ein noch verlockenderes Bild als das Paradies mit dem Garten Eden. In diesem Land muss niemand mehr arbeiten, die Speisen fallen einem direkt in den Mund.

Aber wann wird es so weit sein? Die Propheten sagen es uns immer wieder: Wenn der Messias, der Heiland kommt! An dieser Stelle beginnt der Siegeszug unserer Weihnachtsplätzchen. An Weihnachten wird dieser Heiland geboren, kommt er im Jesuskind zu uns auf unsere Welt. Jetzt ist die Zeit des Heiles da, jetzt soll es jeder erfahren, spüren soll er es, dass alle seine Verheißungen wahr geworden sind. Wie im Paradies dürfen wir uns fühlen, obwohl wir doch noch hier auf der Erde sind. Jeder Biss in einen Lebkuchen, einen Zimtstern oder in eine Kokosmakrone soll uns das Paradies spüren lassen. Weihnachtsplätzchen sollte man deshalb nie nur so im Vorbeigehen mitnehmen und in den Mund stecken, vielleicht auch noch daneben in hektischer Arbeit verstrickt oder als Ersatz für eine anständige Mahlzeit. Ein Festmahl soll es sein, wenn dieses wunderbare Gebäck zum Genuss hingestellt wird, ein gutes Getränk dazu und vor allem die Gemeinschaft von Menschen, die dieses wunderbare Geschenk in Freude annimmt.

Bei uns zu Hause spielten deshalb zwei Dinge eine ganz große Rolle. Erstens: Weihnachtsplätzchen werden immer selbst gemacht! Niemals hätte meine Mutter Plätzchen gekauft, vielleicht noch in Zellophanfolie eingeschweißt, wie man sie heute überall ab Ende September schon bekommen kann. Plätzchen werden immer selber gebacken und selbst in der kleinsten Küche – wie bei uns zu Hause – ist das möglich. Jeder Quadratzentimeter an Ablage wird freigeräumt, es türmen sich die Bleche und Tablets, auf denen die geformten und ausgestochenen Kunststücke aufgeteilt werden, um als Nächstes in den Backofen geschoben zu werden. Wichtig und der Stolz jeder Hausfrau, die des Backens mächtig ist, ist vor allem die Anzahl der gebackenen Plätzchen überhaupt, aber auch die Anzahl der verschiedenen Sorten. Erst langsam habe ich als Kind begriffen, warum das für die Mütter und Frauen in unserer Siedlung jedes Jahr so wichtig war und sie sich jedes Mal auch darüber gegenseitig ausfragten. Man hätte meinen können, es stecke eine gewisse Prahlerei dahinter, aber so war es nicht. Diese einfachen, liebevollen und ihrem christlichen Glauben verpflichteten und ehrfürchtigen Frauen hätten niemals damit angeben wollen, was sie an Weihnachten ihren Liebsten an Plätzchen und welche Auswahl sie ihnen vorsetzten. Es war ganz sicher ein anderer, ein gesunder Stolz, diese Arbeit zunächst wieder einmal geschafft zu haben: »Ich bin fertig mit dem Plätzchen backen!« Dieser Satz aus dem Mund meiner Mutter klang jedes Mal wie ein Siegesruf. Aber es steckte auch eine tiefe Freude darin, dass sie mit ihrem Backwerk so viel Fleiß und Hingabe zeigen konnte. Es war auch ein Ausdruck ihrer Freude über das Kommen des Herrn, über das nahende Weihnachtsfest, über die Geburt des Jesuskindes, die sie mit ihrer Schufterei in der Küche und vor allem mit ihrem handwerklichen Können mit ihren Plätzchen allen Familienmitgliedern und Besuchern richtiggehend schmackhaft machte. Darauf waren unsere Mütter zu Recht stolz, aber nie wurden sie dabei hochmütig.

Die Nutznießer dieser wunderbaren Backwerke waren dann vor allem wir Kinder. Schon bei der Herstellung waren wir gerne dabei. Es gab so viel zu tun, wobei man auch uns Kinder brauchen konnte: Der Teig musste ausgerollt, Plätzchen ausgestochen, auf das Backblech gelegt und verteilt werden, mit Butter vor dem Backen und Schokolade danach bestrichen werden und was ganz wichtig war, die alles überragende Aufgabe überhaupt: Es musste probiert werden! Kinder sind die wichtigsten und kompetentesten Vorkoster in einer kleinen Küche. Sie sind ehrlich in ihrem Urteil und verstellen sich nicht. Vor allem sind sie unkompliziert und jederzeit zur Stelle. Da gehört es auch dazu, dass man die eine oder andere Schüssel ausschleckt, den Teig probiert und den Zuckerguss bewacht – Kostprobe inklusive.

Wenn unsere Mutter in den Tagen des Advents zu backen begann, duftete die ganze Wohnung so süß, so einladend und man roch alle Gewürze heraus, genauso wie es der Prophet Jeremia in seinem Buch beschreibt. Da flossen wirklich Milch und Honig, ohne Zweifel. Meine Kinderaugen fantasierten schon unsere Möbel, die plötzlich aus Schokolade gezimmert waren und aus dem Wasserhahn floss der Honig. Man konnte überall reinbeißen wie in ein Schokoladenhäuschen. Das konnte nur das Paradies sein! Von all diesen wunderbaren Bildern übermannt, erzählte mir meine Mutter, dass ich einmal, wohl wegen der angenehmen Wärme und Gemütlichkeit in unserer Küche, inmitten meiner Mitarbeit an dieser verantwortungsvollen Aufgabe des Plätzchenbackens, am Küchentisch sitzend, den Kopf auf einem Backblech abgelegt, ganz selig und zufrieden eingeschlafen sei. Wieso auch nicht? Der Heiland ist ja da, was könnte mich da noch beunruhigen und am Einschlafen hindern?

Die Produktion der Plätzchen ist eine monströse Aufgabe, eine Herausforderung, die bewältigt werden wollte. Aber sie ist nur der erste Teil. Die weitaus größere – zweite – Herausforderung aber stand dann immer noch bevor. Die Plätzchen sind nicht einfach ein Lebensmittel. Sie sind, wie das Christkind und die Geschenke an Heiligabend, eine himmlische Gabe. Das Backen ist nur die Vorbereitung auf den festlichen Höhepunkt. Danach aber müssen sie bis zum Weihnachtsfest ruhen, in einer bunt verzierten Metallbox, die heute noch in meinem Besitz ist, damit sie ausreifen und später als weihnachtliche Gabe angeboten werden können. Sie müssen also bis zum Fest unangetastet bleiben. Grundsätzlich stellt das kein Hindernis dar, aber die Versuchung, sie schon vor dem Festtag zu probieren und zu kosten, war bei uns natürlich unglaublich groß. Jedes Jahr galt es daher, die Plätzchenkiste an einem anderen Ort in der Wohnung regelrecht zu verstecken. Es ist ein liebevolles Spiel daraus geworden, das uns vor allem die Freude auf den großen Tag, wenn unsere Mutter ihre Plätzchen zum ersten Mal präsentieren konnte, noch größer machte – und Vorfreude ist bekanntlich die schönste Freude. Nie hätten wir wild drauflos genascht, wenn wir die Kiste gefunden hätten. Vielleicht wäre das eine oder andere Plätzchen verschwunden und alle Spuren von uns

»Dieben« verwischt worden. Aber so wurde das Suchen zu einem Teil unserer Vorbereitung auf Weihnachten und mit freudigem Gelächter haben wir am Heiligen Abend bei der offiziellen »Plätzchen-Kür« damit geprahlt, schon längst fündig geworden zu sein. Wir haben sozusagen Verstecken mit dem Jesuskind gespielt, was wir später dann auch gerne unsere alljährliche »Plätzchen-Rallye« nannten. Heute denke ich oft voll von Wehmut an diese Zeit zurück. Selbstgemachte und gekaufte Plätzchen bekomme ich von liebenswerten Menschen in Hülle und Fülle geschenkt, aber das Suchen aus den Tagen meiner Kinderzeit kann mir niemand mehr zurückbringen. Gott sei Dank habe ich es so erleben können.

8. Dezember

»Maria im Gefängnis«

Für lernende Kinderohren und vor allem ihre Herzen ist die Sprache in den Gottesdiensten nicht immer sofort verständlich. Und das nicht, weil noch Latein gesprochen werden würde. Selbst damals, in meiner Ministrantenzeit, haben wir das berühmte lateinische Stufengebet, das der Ministrant zu Beginn der Messe mit dem Priester zusammen aufsagt, nicht mehr gelernt. Ich trauere dem nicht nach, unsere Pfarrkirche war eine durch und durch nachkonziliare Kirche für eine ganze Münchner Siedlung. Von Anfang an stand hier ein blockartiger Volksaltar, an dem der Priester zum Volk gewendet zelebrierte. Die liturgische Sprache war immer schon Deutsch und die Gewänder im Gottesdienst modern. Wir konnten also schon als Kinder dem ganzen Gottesdienst folgen und es taten sich da keine Geheimnisse auf. Auch den Ablauf einer Heiligen Messe hatten wir sehr bald verstanden, sodass die Einführung in den Ministrantendienst ab der fünften Klasse im Gymnasium keine besondere Hürde mehr darstellte.

Und dennoch war es natürlich nicht ausgeschlossen, dass man das eine oder andere

Wort, eine Bezeichnung, eine Formulierung nicht verstand und dann sehr schnell uminterpretierte. Am häufigsten passierte uns das, wenn der Name »Johannes, der Täufer« nicht ordentlich ausgesprochen wurde. Bis man sichs versah, meinten wir doch wirklich, »Johannes, der Teufel« verstanden zu haben. Dieser große Johannes, diese Gestalt des Advents, der Jesus groß angekündigt hatte in der Wüste, nur bekleidet mit einem Kamelhaarfell und der nur von wildem Honig und Kleingetier lebte. Dieser Johannes, der Jesus später als erwachsenen Mann im Jordan taufte, selber ins Gefängnis geworfen wurde und wegen seiner Kritik an König Herodes enthauptet wurde. Dieser Johannes soll ein Teufel gewesen sein? Das kann nicht sein!

Unter großem Gelächter zu Hause hat mich meine Mutter schnell über diesen sprachlichen Irrtum aufgeklärt und mir die ganze – und diesmal richtige – Bezeichnung erklärt.

Aber »Johannes, der Teufel/Täufer« war nicht der einzige Wortverdreher, der uns damals zu schaffen machte. Etwas komplizierter wurde es im Advent mit dem Hochfest von der unbefleckten Empfängnis Mariens. Nun, wir hätten schon allein diesen Titel nicht verstanden, aber das Kurzwort dafür klang dann auch noch ziemlich komisch: Mariä Empfängnis. Was man daran falsch verstehen kann? So ziemlich alles. Für einen Schüler ist das Wort Empfängnis noch ein absolutes Fremdwort, und wenn dieses dann vom Priester auch noch schnell und undeutlich ausgesprochen wird, dann kommt eben ein »Maria im Gefängnis« heraus!

Das aber war mir jetzt zu viel. Schon so viel hatte ich in meinen jungen Lebensjahren von Maria gehört. Ich wusste, dass sie die Mutter Jesu und die Frau des Josef war, dass ein Engel ihr die Botschaft darüber brachte und sie aufklärte, wer der eigentliche Vater ihres Jesuskindes sein soll. Das war alles gut so und niemals hätte ich Gottes sonderbares Tun auch nur irgendwie bezweifelt. Vor allem wenn man bedenkt, wie sehr Maria im weiteren Leben gelitten hat, als Jesus von zu Hause fortging, sie verließ, dann angeklagt und gekreuzigt wurde und am Ende am Kreuz starb. Immer aber war sie bei ihrem Sohn, hat ihn nie verlassen, sie stand unter dem Kreuz und das ganze Elend, das sich schon an Weihnachten ankündigte mit der ärmlichen Geburt im Stall, setzte sich so unentwegt fort. Da war es nur gut, dass sich Maria wie alle anderen über die Auferstehung ihres Sohnes an Ostern so richtig freuen konnte und auch an Pfingsten war sie mit den Jüngern zusammen und hat mit ihnen den Heiligen Geist empfangen. Alles habe ich gewusst und es hat so große Freude gemacht, das weiterzuerzählen, zu Hause und in der Schule im Religionsunterricht. Noch nie aber hatte ich jemals gehört, dass die Mutter Jesu, diese grundgütige Frau einmal im Gefängnis gewesen sein soll! Wofür? Wie lange? Was hat sie verbrochen? Und warum hat sie Jesus nicht befreit? Er ist doch Gottes Sohn! Es war eine Horrorvorstellung für mich: Die Mutter Gottes im Gefängnis!

Voller innerer Verzweiflung kam ich so eines Abends an einem 8. Dezember vom Ministrantendienst nach Hause und musste mein ganzes Unverständnis über die Inhaftierung der Mutter Jesu in einem Gefängnis erzählen, weil ich es noch nie so deutlich gehört hatte und auch nicht begreifen konnte. Einerseits habe ich mich für mich geschämt, weil mir dieses wichtige Detail aus dem Leben der Mutter Maria bislang unbekannt geblieben war; andererseits schämte ich mich irgendwie auch für Maria selbst, weil sie ja ins Gefängnis gehen musste. Ich stellte mir lebhaft vor, was ich wohl tun würde, wenn das meiner geliebten Mutter passieren würde. Wer würde dann für uns »Männer« zu Hause sorgen? Ohne sie hätten wir gar nicht weitermachen können: Waschen, nähen, kochen, bügeln, flicken, Hausaufgaben überprüfen und, und, und. Der Gedanke, was da Jesus und sein Vater damals mitgemacht haben müssen, wühlte mich derart auf, dass ich nicht wusste, ob es mir jetzt peinlich war, damit zu meinen Eltern zu kommen, oder ob mir das alles Angst machen sollte.

Es war jedenfalls die so feine und liebenswerte Art, mit der meine Eltern uns Buben überhaupt an die Religion heranführten. Ihre Sprache, ihr Feinsinn, auch schwierige Glaubensdinge sehr einfach zu erklären, und ihre Geduld, mit der sie uns in so manche unverständliche Glaubenswahrheit einführten, waren beispiellos. Vor allem hätten sie uns nie ausgelacht, auch wenn es ihnen doch durchaus zum Schmunzeln gewesen sein muss. Der Gedanke, dass ein Kind die Mutter Jesu als Angeklagte ins Gefängnis wandern sieht, war aber auch zu komisch. Meine Eltern waren keine Theologen, einfache Christen sind sie gewesen, denen auch ihre Eltern den Glauben weitergegeben haben, und sich vieles selbst angeeignet hatten. Ihre Kindheit und Jugend waren von Krieg und Not geprägt, der Glaube wurde für sie gerade in dieser Zeit zum Ort des Fest- und des Durchhaltens. Man musste nicht alles *ver*stehen, was einem im Leben widerfuhr, aber man muss auch *wider*stehen. Das wichtigste Instrument dafür war für sie die Hoffnung. Hoffnung, meinten sie immer, will nicht einfach vertrösten. Hoffnung hilft tragen.

Von solch einem tiefen und ehrlichen Verständnis unseres christlichen Glaubens geprägt waren sie damals die einzigen Menschen für mich, die mir mein Missverstehen aufklären konnten, ohne dass ich mich dafür schämen musste. Keinem anderen hätte ich meine Unkenntnis anvertraut. Mit vielen Beispielen auch aus ihrem Leben haben sie mir dann erklärt, wie das Leben nun mal ist, und dass sich eben nicht immer alles so ergibt, wie man sich das vorstellt. Auch wenn es um den lieben Gott geht, müssen wir nicht alles sofort begreifen. Logik und Glaube jedenfalls, davon waren sie überzeugt, haben offenbar nicht sehr viel miteinander zu tun. Wäre Gott nur logisch, müsste man ihn berechnen können wie einen Automaten, aber das ist unmöglich. Wie unlogisch Gott manchmal letztlich handelt, davon erzählt ja die Mutter Jesu selbst, wenn sie laut und deutlich sagt: Dieser Gott, der ihr diese Botschaft von der Geburt Jesu bringen ließ durch den Engel, der bringt die Stolzen auf der ganzen Welt in Verwirrung, er wirft die

Mächtigen aus ihren Sesseln und entleert am Ende alle ihre Taschen. Auch wenn keiner damit rechnet, mit einem solchen Gott kannst du immer rechnen.

Aber nur mit Bibelsprüchen und frommen Zitaten um sich werfen, das muss noch lange nichts mit einem wirklichen Glauben zu tun haben. Man mag vielleicht viele Sprüche kennen, aber Gott kennt man so noch lange nicht. Im Gegenteil: Gott schiebt nun einmal gerne die menschliche Logik einfach beiseite und genau deshalb erzählt man sich die Geschichte vom Engel, der der Maria die Botschaft von der bevorstehenden Geburt des Jesuskindes bringt. Und weil das so eine ganz besondere und alles überragende Neuigkeit ist, bekommt die auch nicht jeder Mensch zu hören, sondern nur der, der wirklich vom lieben Gott dazu auserwählt worden ist. Deswegen sind wir übrigen Menschen jetzt nicht weniger wert als Maria. Diese Botschaft an Maria ist trotzdem für jeden von uns bestimmt, weil doch jeder Mensch ein Gotteskind ist, vom Anfang an in seinem Leben. Darum haben uns unsere Eltern auch taufen lassen, damit das jeder sehen kann. Aber dass die Jungfrau Maria und Mutter Jesu jetzt von Gott dazu auserwählt wurde, das ist doch ein Grund für ein großes Fest. Wie jeder Mensch war auch Maria erst mal ein kleines Kind und schon von da an hat der liebe Gott sie dafür ausgesucht, später einmal als junge Frau die Mutter Jesu zu werden. Dass Gott Maria ausgewählt hat, das feiern wir heute am 8. Dezember und erinnern alle Menschen daran, dass Gott diese Maria schon als winziges Baby, als sie selbst zur

Welt kommen sollte, auf seinem »Spickzettel« hatte und sie darum einmal die Mutter Jesu werden soll. Sie war von Anfang immer etwas ganz Besonderes, einfach ein Mensch, wie man sich ihn nur wünschen kann.

Ich staune heute noch darüber, wie meine Eltern in der Lage waren, uns die Empfängnis eines Menschen so einfach zu erklären, ohne die Worte »Jungfräulichkeit« und »Empfängnis« auch nur einmal gebrauchen zu müssen. Diese Erklärung jedenfalls, die sie mir damit gegeben haben, hat mich überhaupt nichts missverstehen lassen, schon gar nicht, dass die Mutter Jesu jemals im Gefängnis saß. Gott sei Dank!

9. Dezember

Tobias Reisers Adventsingen

Eine der schönsten, bekanntesten und kulturell wertvollsten Adventsveranstaltungen in unserem bayerisch-österreichischen Kulturkreis ist mit Sicherheit das Salzburger Adventsingen im dortigen Festspielhaus. Karten hierzu sind fast ebenso schwer zu bekommen wie zum sommerlichen Freiluftbühnenstück »Jedermann« auf dem Domplatz von Salzburg. Wer aber jemals diese wunderschöne Stadt in ihrem adventlichen Glanz und das musikalisch und textlich so einfühlsam gestaltete, herausragende Adventsingen erlebt, fühlt sich sofort wie verzaubert.

In Salzburg angekommen schlendert man durch die Altstadt, die einem einzigen großen Christkindelmarkt gleicht. Alle Schaufenster sind weihnachtlich dekoriert und überall riecht es herrlich nach Glühwein und Maroni, Bratwürsten, den berühmten Salzburger »Bosnasemmeln« und duftenden Käsekrainern. Wenn es dann

zu dämmern beginnt, die weihnachtliche Beleuchtung alles in ein warmes Licht eintaucht und man an den Läden und Ständen der Altstadt vorbeigeht, fühlt man sich bereits wie inmitten einer Theaterkulisse, einer großen Bühne, die nur für das Weihnachtsfest gebaut wurde. »Die Gegenden von Salzburg, Neapel und Konstantinopel halte ich für die schönsten der Erde.« Das soll der große Weltenbummler und Entdecker Alexander von Humboldt einmal gesagt haben. Die Zitatforschung ist sich da nicht ganz einig, aber ganz egal, wer das letztendlich gesagt hat: Er hat recht!

Nach dem Stadtbummel wird es Zeit, das Festspielhaus aufzusuchen und im großen Saal des Gebäudes seinen Platz einzunehmen. Die ganze Aufführung wird durchzogen vom Geheimnis des Kommens Gottes in Bethlehem. Es sind feine, zarte Lieder, berührende Chorsätze, anmutende Texte – alle vorgetragen mit einer unglaublichen Ruhe und Konzentration, einer Ehrfurcht und Hingabe, die seinesgleichen suchen. Alle Akteure bewegen sich in einer perfekt abgestimmten Reihenfolge. Auf der Bühne ist es nie hektisch oder unangenehm laut. Die alpenländischen Texte ziehen den Zuhörer allesamt in ihren Bann. Zu keinem Zeitpunkt hat man das Gefühl, hier werde versucht, das Geburtsgeschehen um Jesus von Nazareth krampfhaft zu einem alpenländischen Event zu machen. Irgendwie ist man immer an zwei Orten zugleich: In Palästina und in Salzburg. Beides verschmilzt auf wunderbare Weise miteinander. Die Salzburger Altstadt-Atmosphäre ist hier genauso spürbar wie die kargen Landschaften rund um Bethlehem, die kalten Gassen einer Winternacht mit verschlossenen Gasthäusern in einem orientalischen Dorf und die Einfachheit eine Hirtenhöhle auf den Feldern vor der Stadt. Die Verzweiflung von Josef und Maria und ihre nicht enden wollende Hoffnung, dass Gott sich ihrer immer annehmen wird, all das durchzieht das ganze Adventsingen. Am Ende mündet es in das gemeinsame Bekenntnis aller Menschen in diesem heimeligen Raum, der Zuschauer wie der Akteure, wenn alle aufstehen und gemeinsam den Andachtsjodler singen. In diesem Moment wird es auch dem letzten Anwesenden warm ums Herz und eine wohlige Gänsehaut zieht herauf. Dann ist Weihnachten so richtig zum Greifen nahe.

1983 studierte ich für zwei Semester in Salzburg Theologie und hatte das Glück, oberhalb des Festspielhauses zu wohnen, auf dem Mönchsberg, an den sich diese Kulturstätte sehr harmonisch anschmiegt und der von den Salzburgern liebevoll Pensionistengletscher genannt wird. Der Mönchsberg ist der Versorgungsberg für die Festung Hohensalzburg, die ja auf ihrer Südseite steil abfällt. Unterbrochen wird diese Zufahrt von mehreren Bürgerwehren, begonnen im Norden bei der Pfarrkirche in Mülln und dem dortigen Müllner Bräustüberl. Es folgen mehrere Mauerringe mit Zinnen und Türmen und nur über diesen Weg konnte man im Mittelalter die Festung erreichen oder auch zu erobern versuchen. Hinter der ersten Bürgerwehr nach der sogenannten Monika-Pforte liegt, versunken in diesem Naturschutzgebiet inmitten der Stadt Salzburg, ein altes Marketenderschlössl. Hier residierte der Hauswirt der Festung Salzburg. Ein Marketender regelte den Warenzufluss von und zur Festung, kassierte die Zölle und lebte mit Sicherheit sehr gut von diesen Einnahmen. Nach dem Zweiten Weltkrieg hat der Orden der Pallottiner (benannt nach dem Heiligen Vinzenz Pallotti) das gesamte Gelände in diesem Abschnitt des Mönchsbergs einschließlich des Marketenderschlössls erworben und darin ein Internat speziell für Osttiroler Schüler eingerichtet. Während meines einjährigen Studiums in Salzburg konnte ich in diesem Schlösschen wohnen und auch bei der Betreuung der Gymnasiasten mithelfen, was mir unglaublich viel Freude bereitet hat. Als Aufmerksamkeit dafür erhielt ich zum Adventsingen 1983 eine Eintrittskarte und war vom ersten Moment an ganz und gar erfasst von diesem wunderbaren adventlichen Brauch. Eingehüllt in diese wohlige und anmutige Atmosphäre mit ihren alpenländischen Weisen und Texten habe ich ein so intensives Weihnachtsgefühl, ein eingehendes Erwarten des großen Festes gespürt wie vielleicht noch nie zuvor. Advent ist immer Aufbruch und nicht Stillstehen. Ein solcher Aufbruch ohne Hektik und Chaos, mit einer solchen Würde, wie sie hier die Sänger und Sängerinnen, Spieler und Hirtenkinder darstellten, hat mich durch und durch verzaubert und ich wusste, dass ich alles versuchen werde, noch einmal hierher zu kommen. Einmal kann dafür einfach nicht genug sein.

Am 18. Dezember 1999 war es dann so weit. Ich war bereits fest installierter Stadtpfarrer von St. Maximilian in München und habe über Beziehungen, wie man so schön sagt, ein paar der begehrten Karten fürs Salzburger Adventsingen ergattern können. Wie schon zu meiner Studentenzeit waren wir sehr früh dran, schlenderten träumend durch das winterliche, vorweihnachtliche Salzburg und ließen uns regelrecht verzaubern. Im Festspielhaus begrüßte uns dann unmittelbar vor der Aufführung im großen Festsaal der Mann, der ganz und gar für das Adventsingen steht: Tobias Reiser. Der 1946 geborene österreichische Volksliedforscher und Musiker verkörpert das ganze Adventsingen. Er ist verantwortlich für die Text- und Liedauswahl, die Musikerinnen und Sänger, die Choreografie und Dramaturgie. In seiner Begrüßung erzählte er uns, wie er selbst vor nunmehr 50 Jahren zum ersten Mal als kleiner dreijähriger Hirtenbub mitspielen durfte. Einen Satz musste er sagen, als er die anderen Hirten aufforderte, doch mit ihm zum Kind im Stall nach Bethlehem zu gehen: »Kommt's mit, Burschen; geh' ma zum Kind«!

Damals hatte sein Vater das Adventsingen geleitet und gestaltet und so seinen Buben ganz früh mit hineingenommen in diese uralte Tradition des gemeinsamen Singens und Zuhörens, des Geschichtenerzählens und -spielens. 25 Jahre später starb sein Vater kurz vor dem Adventsingen, erzählte uns Tobias Reiser im Festsaal. Er starb in seinen Armen und seine letzten Worte an ihn waren: »Bua, des Leben is' so schön!«

Zu dieser Zeit sei alles so schwer und traurig gewesen und am liebsten hätte man damals alle Aufführungen abgesagt, erzählte er weiter. Aber sie wussten, sie haben ein Erbe, einen Auftrag bekommen und sie dürfen sich nicht davor drücken. Also fand das erste Adventsingen ohne seinen Vater statt. Sein Stuhl blieb leer, aber seine Gitarre wurde dort angelehnt, mit einem schwarzen Trauerflor über den Saiten. Alle hätten sie einen Kloß im Hals gehabt, aber sie wollten das Erbe des Vaters annehmen und weitertragen.

Nun habe er selber auch schon wieder 25 Jahre das Adventsingen veranstaltet. Aber bis heute sei er nicht in der Lage, den Zauber und die Wirkung, die das Salzburger Adventsingen in ihm jedes Jahr aufs Neue auslösen, zu beschreiben.

Dann folgte die Aufführung, wie gehabt in einer unglaublich mitreißenden und mitfühlenden Atmosphäre, die wieder mit dem traditionellen Andachtsjodler endete. Auf dem Heimweg später kurz vor Mitternacht, wir fuhren schon auf der Autobahn in Richtung München in Höhe Traunstein, vermeldete dann der Nachrichtensprecher, dass der bekannte Volksmusiker Tobias Reiser im 53. Lebensjahr heute Abend unmittelbar nach Ende der Aufführung des Salzburger Adventsingens hinter dem Bühnenvorhang zusammenbrach und kurz darauf – noch auf der Bühne – verstarb. Er hat uns also wenige Stunden zuvor bei seiner Begrüßung seine eigene Abschiedsrede gehalten, die alles beinhaltete, was er mit seiner Musik und dem Salzburger Adventsingen zum Ausdruck bringen wollte: »Das Leben ist so schön!« Für Tobias Reiser ist der Heiland an jenem Abend bereits gekommen und hat ihn, so wie er es immer besungen hat, voller Liebe zu sich heimgeholt.

10. Dezember

Erste Hirtenspiel-erfahrungen

Meine Mutter war in unserer Nachbarpfarrei im Mütterverein engagiert, dem Vorläufer des katholischen Frauenbundes. Durch ihre Mitgliedschaft kam auch ich sehr bald in die engere Auswahl, bei der dortigen jährlichen Adventfeier der versammelten Frauen – immerhin weit über 150 anwesende Frauen – beim Hirten- und Krippenspiel mitzumachen, denn wenn sich die Frauen trafen, war auch ich immer mit dabei und eigentlich machte mir das grundsätzlich eine große Freude. Ich durfte mit meiner Mutter einen ganzen Nachmittag im Pfarrheim verbringen, es gab viele Lebkuchen, Erdnüsse und Mandarinen zu essen und man wurde von allen Seiten nur freundlich behandelt und verwöhnt. Überhaupt habe ich diese Adventfeiern als sehr praktisch empfunden. Es war eigentlich alles dabei, was man sich an so einem Nachmittag wünschen konnte: miteinander singen, Geschichten anhören, mit den Kerzen auf dem Tisch spielen und, das Beste, die Tischdekoration aufessen.

Irgendwann dann, als ich bereits in der Unterstufe des Gymnasiums war, wurde meine

Mutter gefragt, ob ich nicht auch einmal beim Krippenspiel mitmachen könnte. Sofort war ich natürlich dabei. »Endlich gibt's etwas zu tun«, dachte ich. Ein bisschen was wenigstens und ich durfte nicht nur mitgehen, um den ganzen Nachmittag herumzusitzen und zu naschen. Dabei wusste ich noch nicht einmal, was ich denn genau spielen sollte. Ich dachte an einen vielleicht sogar stummen Hirten oder gar an Ochs und Esel. Da musste man nicht viel sprechen, war trotzdem auf der Bühne und bekam auch etwas vom tosenden Applaus der versammelten Frauen ab.

Doch da war nichts mit Entspannungsrollen! Mir war nahezu die Hauptrolle zugedacht: Ich sollte den Heiligen Josef spielen, der mit seiner Maria auf Herbergssuche unterwegs ist und bei den Wirten anklopft, bis er schließlich im Stall von Bethlehem landet. Viel Text musste ich eigentlich gar nicht lernen, aber ohne die strenge Aufsicht und Kontrolle durch meine Mutter hätte ich wohl gar nichts gelernt ... Jeden Tag übten wir meine paar Sätze und bald saßen sie dann auch schon sehr sicher. Ich sollte Maria trösten, ihr sagen, dass es nicht mehr weit sei nach Bethlehem. Dann musste ich natürlich bei den Wirten anklopfen und um Einlass bitten und mich immer schön beherrschen, dass ich nicht mit ihnen zu streiten beginne. Am Ende sollte ich meine Maria in den Stall von Bethlehem führen, der mir von einem braven Knecht gezeigt werden sollte. Dort sollte ich dann stumm und still stehen, so wie wir den Josef aus unseren Krippen kennen, sollte voller Inbrunst das Jesuskind in der Krippe betrachten und freundlich lächelnd zuerst die Hirten und dann die Heiligen drei Könige aus dem Morgenland begrüßen.

So weit so gut, ich war bereit für meine erste B-Hauptrolle, die eigentliche stand selbstverständlich der Maria zu. Diese würde ich dann bei der Probe einen Tag vor der Aufführung kennenlernen, hieß es. Kein Problem, dachte ich mir. »Ich habe meinen Text drauf, den spule ich schön brav herunter und dann gibt's hoffentlich einen großen Teller Süßigkeiten zum Dank«, dachte ich so bei mir. Wie bei nicht wenigen Jungschauspielern und ihrer ersten Schauspielerfahrung, habe ich natürlich nicht damit gerechnet, dass der Text allein und ihn zu kennen wirklich nur die halbe Miete ist. Jetzt musste das Ganze ja auch noch in Szene gesetzt, dargestellt und gespielt werden. Nur Text aufsagen, das genügt ganz sicher nicht! Die ganze Dramatik der Herbergssuche will von den Zuschauerinnen miterlitten werden und dann am Ende soll ihnen die Glückseligkeit, die vom Stall in Bethlehem ausgeht, so richtig ins Gesicht geschrieben sein. Aber das würden wir dann ja bei der Generalprobe einmal durchspielen ... Also, wieso sich vorher aufregen oder nervös machen? Natürlich fragte mich meine Mutter mehrmals, ob ich nervös sei, aber ich verneinte wie ein alter Schauspielhase: Etwas Lampenfieber darf ja sein, aber das vergeht, sobald man auf der Bühne steht und die Bretter fühlt, auf denen man steht und die doch bekanntlich die Welt bedeuten.

Der Tag der Generalprobe war gekommen und alle Mitspieler und ihre Mütter fanden sich im Pfarrsaal ein. Die Vorsitzende der Frauengemeinschaft begrüßte uns alle ganz herzlich, war freundlich und sagte mehrmals, wie glücklich sie sein, dass wir ohne langes Zögern uns bereit erklärt hätten, beim diesjährigen Advents-Krippenspiel mitzuwirken. Dann stellte sie uns gegenseitig vor, weil sich die meisten von uns gar nicht einmal kannten. Wir wohnten alle woanders und gingen auch in verschiedene Schulen und einige gehörten, so wie ich, auch anderen Pfarreien an als der, in der wir jetzt spielen sollten. Die Hirten und die Heiligen drei Könige durften von kleineren Grundschülern gespielt werden. Sie hatten nicht viel Text zu lernen gehabt und bewegten sich eigentlich nur mit der Begleitmusik in Richtung Stall. Drei Wirte, die das heilige Paar mehrmals werden wegschicken müssen – das waren schon größere Kinder aus der vierten Klasse der Grundschule. Sie mussten natürlich sehr akzentuiert auftreten und Maria und Josef ganz energisch den Weg weisen. Ja, und dann blieben noch Maria und Josef übrig und plötzlich stand ich neben einem gleichaltrigen Mädchen, genauso groß wie ich, und sehr, sehr hübsch. Damit hatte ich jetzt nicht gerechnet! Die ganze vormalige Sicherheit in meiner Brust war wie weggefegt. Gerade dass ich ein schüchternes »Hallo« sagen konnte, »ich bin der Rainer«, dann war es schon aus mit mir und meiner angepriesenen Selbstsicherheit. Ich musste einen hochroten Kopf bekommen haben. Nie im Leben hatte ich mir diese Situation so vorgestellt! Da stand ich nun mit meinem Pubertätseingangsalter vor einem mir völlig unbekannten Mädchen, dessen Name ich gar nicht kannte, und sollte mit ihm gemeinsam ein in große Bedrängnis geratenes Ehepaar spielen! Ich hatte noch nie mit einem Mädchen so etwas gespielt! Bislang spielte ich, wenn, dann mit Mädchen aus unserer Siedlung, mit denen ich aufgewachsen bin. Mit ihnen hätte ich alles aufgeführt, die kannte ich doch durch und durch! Wieso hat man denn da nicht auf eine idealere Rollenbesetzung geachtet? So schoss es mir siedend heiß durch den Kopf und vorwurfsvoll blickte ich hinüber zu meiner Mutter. Voll geladen mit meinem ganzen innerlichen Protest, den ich in eine einzige Gesichtsmiene reinlegen konnte, wollte ich sie mit meinen Augen fixieren und anklagen und danach gleich am liebsten weg und nach Hause laufen. Meine Mutter aber sah gar nicht zu mir herüber. Sie war ganz vertieft in ein Gespräch mit einer anderen Mutter, deren Sohn einen einfachen Hirten spielen durfte. Ja, durfte! Wie sehr hätte ich mir das in diesem Augenblick doch gewünscht! Nur so eine kleine, unbedeutende Rolle! Dann müsste ich mir jetzt keine Gedanken machen, wie ich mit einem so hübschen, gleichaltrigen Mädchen Mann und Frau spielen soll, ohne mich damit vor allen Leuten lächerlich zu machen ...

Die verantwortliche Krippenspielleiterin aber war gnadenlos. Sie stellte uns auf und ging mit uns mehrmals das ganze Stück durch, noch ohne die Musikstücke, die sollten dann erst beim letzten Mal eingespielt werden. Ich ging also mit meiner Maria unseren Weg nach Bethlehem, gestützt auf meinen Stock an ihrer Seite, als man mich laut ermahnte: »Du musst deine Frau schon führen! Du musst sie in den Arm nehmen, sie ist doch schwach, sie kriegt ein Kind, und braucht jetzt einen starken Mann an ihrer Seite!« Das war's also, ich sollte hier und jetzt zum ersten Mal in meinem Leben einem mir bis vor einer halben Stunde wildfremden Mädchen einfach so mir nix, dir nix, den Arm um die Schulter legen, sie an mich drücken, festhalten und stützen? Echt jetzt? Wie ein verliebter Mann? Mir war richtig schlecht. Ich suchte das berühmte nächste Mauseloch zum Verkriechen, aber da war nichts zu finden. Ich wollte am liebsten weglaufen, aber niemand interessierte sich für meine Not, die ich gerade ausstand. Und so passierte es dann eben. Es war wirklich mein erstes Mal. Ich legte meinen rechten Arm ganz fest um dieses mir unbekannte, leise vor gespielten Schmerzen stöhnende Mädchen, ging mit ihr auf und ab, hielt bei den Wirten, tröstete sie mit meinem perfekt auswendig gelernten Text und führte sie schließlich in den Stall von Bethlehem. Gemeinsam knieten wir dann im Schlussbild an der Krippe, in der eine Puppe lag. Die Hirten kamen noch vorbei, dann die Heiligen drei Könige, die Engel verschwanden wieder, die Musik ging aus, der Vorhang zu und tosender Applaus brandete auf. Ich hatte es glatt geschafft und ich meinte, in diesen zwanzig Minuten, die dieses Krippenspiel insgesamt gedauert hatte, um Lichtjahre älter und erwachsener geworden zu sein. Ich hatte zum ersten Mal ein gleichaltriges Mädchen in meinem Arm gehalten und ganz fest an mich gedrückt. Das war absolut neu für mich! Bislang haben wir uns als Buben mit den Mädchen gezofft, mit ihnen auch mal gerauft und gestritten und sie geärgert. Aber niemals war ich bisher einem Mädchen so nahe gekommen wie bei diesem Krippenspiel. Plötzlich fühlte ich mich auf eigenartige Weise erhaben, stolz und unangreifbar. Wenn ich das in der Schule den anderen erzählen würde, die glauben mir das nie! Oder sollte ich gleich sagen, dass ich jetzt eine feste Freundin hatte? Ich spielte jedenfalls alle Möglichkeiten schon mal durch.

Fünfzehn Jahre später – machen wir einen großen zeitlichen Sprung – an einem sommerlichen Samstagabend in meiner Heimatkirche: Ich bin an diesem Tag in Freising zum Priester geweiht worden und feierlich in meiner Heimatpfarrei empfangen worden. Mein Heimatpfarrer segnete mein Messgewand und meinen Kelch, den ich am nächsten Tag zu meiner Primiz, der ersten Heiligen Messe eines Neupriesters tragen bzw. verwenden würde. Dann bekamen alle Leute noch meinen in der religiösen Tradition heiß begehrten Primizsegen, für den man sich in früheren Zeiten sogar »ein paar Schuhe durchlaufen würde«, um so gesegnet zu sein. Zunächst segnete ich alle Menschen in der voll besetzten Kirche gemeinsam und danach hatten alle Gelegenheit, noch einmal einzeln von mir durch Handauflegung gesegnet zu werden und dazu direkt vor mich hinzutreten. Das dauerte dann natürlich etwas, aber ich habe das so gerne gemacht. Alle Leute waren glücklich, lachten mich an, freuten sich und es gab viele wunderbare Wiedersehensmomente. Plötzlich stand eine junge, bildhübsche, blonde Frau vor mir. An ihren beiden Händen hielt sie ein Kind, vielleicht vier Jahre, an ihrer Hand fest. Sie lächelte mich an, ich legte ihr die Hände auf, segnete sie, dann ging ich in die Hocke, um auf Augenhöhe auch ihr Kind zu segnen. Ich stand wieder auf und spürte, wie sie mich immer noch voller Freude und Inbrunst anlachte. Ich fragte einfach drauf los: »Kennen wir uns von früher?«

»Und wie«, antwortete sie lachend, »ich bin deine Maria vom Krippenspiel im Mütterverein! Hab' halt jetzt einen anderen »Josef« zugeteilt bekommen!«

Ich habe sie lachend in den Arm genommen und fest gedrückt und konnte meine Freude nicht beschreiben. Dieses Gefühl von Dankbarkeit, das ist für mich Weihnachten pur und am liebsten hätte ich ihr zugerufen: »Geh Maria, sei glücklich mit deinem Josef und deinen Kindern! Du verdienst alles Glück dieser Erde, warst du doch meine erste große Liebe, wenn auch nur für zwanzig Minuten als meine Maria an meiner Seite!«

11. Dezember

Kleines Lachsbrötchen – Gaudete

Wer sich ein wenig in der katholischen Liturgie auskennt, der weiß, dass man an den verschiedenen Farben der Messgewänder des Priesters erkennen kann, in welcher Zeit wir uns gerade befinden oder welches Fest gefeiert wird. Die Farbe Grün steht für die Zeit unterm Jahr, Weiß und Gold trägt der Priester an großen Festen wie Weihnachten, Ostern, Fronleichnam. Rot steht für Leid und Blut und erinnert uns am Palmsonntag und Karfreitag an den Tod Jesu; Rot steht aber auch für Feuer und ist die Farbe des Heiligen Geistes an Pfingsten. Die Farbe der beiden Vorbereitungszeiten Advent und Fastenzeit ist Violett. Es ist die Farbe der Buße und Bekehrung, der Reue und der Umkehr, des Verzichts und der Gottessuche. In der Fastenzeit werden in den Kirchen die Kreuze und Bilder mit violetten Tüchern verhüllt und dann an Ostern enthüllt.

Es gibt jedoch zwei Ausnahmen in den beiden Vorbereitungszeiten, zwei Sonntage, an denen sich das schwere, freudlose Violett in ein leuchtendes und blitzendes Rosarot

verwandelt. In der Fastenzeit ist es der 4. Fastensonntag mit dem Beinamen »Laetare« und in der Adventszeit der 3. Adventsonntag, der Sonntag »Gaudete«. Beide Sonntage sind, zeitlich gesehen, schon sehr nah am Ziel der gesamten Wegstrecke dran, die Ziellinie mit Ostern bzw. Weihnachten ist praktisch schon im Blickfeld, was bedeutet, dass die Farbe Violett dann wieder in die Sakristeischränke zurückkehren und für die nächste Zeit verschwinden wird. Beide haben auch dieselbe Bedeutung: Gaudete bedeutet »Freut euch«, Laetare heißt übersetzt »Freue dich«. Beides sind Sätze von Paulus. Der Apostel fordert seine Gemeinden zur Freude auf, weil er ganz fest davon überzeugt ist, dass sehr bald der Herr kommen wird, um uns alle zu erlösen. Diese Freude sollen wir jetzt schon spüren, so nahe an Weihnachten bzw. Ostern dran. Ja, sehen soll man es und darum verwandelt sich das dunkle Violett für einen Tag in ein freundliches Rosa, oder eben Pink, wie man als Kind sagen würde. Schon in der Schule haben wir gerne mit diesen Farben gespielt. Wenn man eine violette Malfarbe mit etwas Deckweiß vermischt, hellt sich das Violett immer mehr auf, je mehr weiße Farbe dazukommt. So entsteht ein heiteres Rosarot. Dieser Farbeffekt taucht nun auch in die Liturgie auf und bis heute ist es guter Brauch, dass der Priester an diesen beiden Sonntagen statt Violett ein leuchtendes, rosafarbenes Messgewand umlegt.

Ich gebe unverhohlen zu, dass Rosa nicht unbedingt meine bevorzugte Farbe ist und ich es meistens möglichst vermieden habe, an diesen beiden Sonntagen ein solches Messgewand anzulegen. Ich blieb beim violetten Gewand und musste dies auch nicht groß begründen. Es gibt nicht mehr so viele Menschen, die sich mit den Farbspielen so tiefgründig auskennen. Auch war es im Schrank unserer Sakristei nicht gut bestellt mit solch schönen rosafarbenen Gewändern. Die paar wenigen, die zur Verfügung standen, waren abgenützt, beschädigt und führten ein kümmerliches Dasein, weil sie wohl die letzten Jahrzehnte keinerlei Beachtung mehr fanden. So musste ich mir auch am 3. Adventssonntag eigentlich nie größere Gedanken darüber machen, welches Gewand in welcher Farbe ich wohl anziehen würde, ein violettes natürlich.

Das blieb auch so, bis dann eben jener 3. Adventsonntag »Gaudete« vor einigen Jahren kam. Ich betrat wie gewohnt die Sakristei und es traf mich wie ein Blitz, als ich auf der Kleiderstange ein nigelnagelneues, von oben bis unten glänzendes, rosarotes Messgewand erblickte. Es leuchtete so hell, dass man meinen konnte, es würde einen blenden. Sprachlos stand ich vor diesem Gewand, bereits leise ahnend, was da heute auf mich zukommt, wenn mir nicht irgendeine besondere Ausrede einfallen würde, wieso ich dieses Gewand trotzdem nicht tragen könnte. Jedenfalls war es makellos, absolut neu, ohne Fehler, nicht abgenützt oder abgewetzt, einfach nur einwandfrei. Ich prüfte den Stoff und die Verarbeitung: Alles war aus bester Qualität. »Wo bitte kommt dieses Messgewand her?«, fragte ich unseren Mesner. »Ich kann mich nicht erinnern, ein solches gekauft oder bestellt zu haben!« Verschmitzt lächelnd und auch ein bisschen süffisant antwortete der Mesner: »Mei, des hat uns jemand geschenkt und gestern Abend noch vorbeigebracht, damit unser Herr Pfarrer heute an Gaudete auch ein schönes neues Messgewand anziehen kann! – Da werden Sie sich jetzt schon etwas schwer tun mit einer Ausrede und es nicht anziehen. Sie wissen ja: Einem geschenkten Gaul schaut man nicht ins Maul!«

Auf meine Gegenfrage, wer denn der edle Spender gewesen sei, ging er überhaupt nicht mehr ein. In sich hineinschmunzelnd und voller Vorfreude, mir jetzt gleich das glänzende Gewand in der ungeliebten Farbe anzulegen, bereitete er weiter alles für die Messe vor. Mir war jedenfalls klar, dass ich aus der Nummer nicht mehr herauskomme. Da musste ich wohl durch. Demütig ergab ich mich meinem Schicksal, zog meine Untergewänder, das Schultertuch, die Albe und das Cingulum an und wartete, während der Mesner das pinkfarbene Messgewand gekonnt mit beiden Händen aufnahm und mir – dabei immer noch schmunzelnd – überwarf. »Wieso soll ich so rumlaufen, wenn die anderen sich auch ins Fäustchen lachen«, dachte ich so bei mir. Die sehen doch auch, dass das niemals meine Farbe ist. Fast willenlos ließ ich es geschehen und stand nun da in meiner Sakristei, umhüllt von einer rosaroten Robe, die rein gar nichts mit mir zu tun hat oder zu mir passt …

Nachdenklich, in Gedanken versunken wartete ich still auf den Beginn der Messe und tat so, als würde ich mich intensiv geistig vorbereiten, dabei wollte ich nur, dass mich ja niemand auf meine Bekleidung anspricht. Ich wusste nicht, ob ich lachen oder schimpfen soll. Und wie wird das erst werden, wenn ich in wenigen Minuten da draußen vor Hunderten von Leuten stehe? Ich konnte mir das gar nicht ausmalen. Für mich war das alles einfach nur zum Fremdschämen. Ich sah die Leute in Gedanken schon schenkelklopfend und sich vor Lachen biegend in den Bänken sitzen. Plötzlich spürte ich, wie eine kleine Ministrantin von der Seite her an meinem Gewand zupfte. Ich schaute zu ihr, sie blickte mich etwas fragend und mit Skepsis in ihrem Gesicht an. »Ist was, brauchst du was?«, fragte ich sie. Sie zögerte noch ein paar Sekunden mit einer Antwort, dann aber schoss es plötzlich aus ihr heraus und es mischte sich eine laute Lachsalve mit dazu: »Weißt du«, sagte sie, »ich hab mir nur gedacht, dass du mit diesem neuen Gewand heute aussiehst wie ein leckeres Lachsbrötchen!«

Es folgte eine kurze Stille in der ganzen Sakristei, aber dann konnten sich alle, die mit im Raum waren – Ministranten, Mesner, Lektoren, Gäste, die das gehört hatten – vor Lachen nicht mehr halten. Alle prusteten los – und haben mich damit angesteckt.

Wirklich lachend sind wir dann in die Kirche hinausgegangen und zum Gottesdienst eingezogen. Die Menschen haben geschmunzelt, ich erzählte ihnen sofort von unserem Sakristeierlebnis und alle Gottesdienstteilnehmer stimmten ein in diese Freude. Gaudete, das heißt doch »Freut euch«, dachte ich mir zufrieden. Die Bemerkung dieser kleinen Ministrantin hat es überhaupt erst möglich gemacht, dass wir vielleicht zum ersten Mal in unserer Gemeinde so richtig verstanden haben, dass es da um uns geht, dass wir uns freuen dürfen und sollen, dass es wirklich bald so weit ist und dass diese Freude für immer bei uns bleiben wird.

Ich danke dir, du kleines Mädchen von damals. Durch dich habe ich eine liturgische Nachhilfestunde der ganz besonderen Art bekommen! Durch dich habe ich auch unser Weihnachtsfest aus einem ganz besonderen Blickwinkel heraus sehen gelernt.

12. Dezember

Die Taufe von Anna-Viktoria

Ich kannte die Familie schon seit einigen Jahren und auch die schwere Krankheit ihrer mittlerweile vierjährigen Tochter Anna-Viktoria hat mir das Paar genau beschrieben. Anfangs, als Anna-Viktoria noch ein ganz kleines Baby war, hat man nichts gemerkt. Als jedoch die motorische und personale Entwicklung deutlicher einsetzen sollte, tat sich nichts. Intensive Untersuchungen ergaben, dass das Mädchen unter einem so seltenen Gendefekt leidet, dass es vielleicht nicht mal zehn Menschen auf der ganzen Welt gäbe, die derart erkrankt sind. Dann gibt's natürlich auch keine medizinische Forschung in diese Richtung und am Ende auch keine Therapien und keine Heilung. Anna-Viktoria – ein hübsches kleines Mädchen, das, wie sich nach und nach herausstellte, wohl nie sehen, hören und auch nicht sprechen können würde. Nicht sitzen, nicht gehen, nicht einmal sich von alleine umdrehen. Sie würde in ihrem Spezialkinderbuggy liegen, wie jedes andere Kind wachsen und größer werden, lang gestreckt drin liegen und eben einfach mit dabei sein. Aber ansonsten wäre da keine große Reaktion. Genau das täte ihr manchmal so weh, sagte mir einmal ihre Mama, wenn so gar nichts von ihrem Kind an Reaktion zurückkommt, wie es eben bei gesunden Kindern selbstverständlich ist.

Trotzdem waren die Eltern nicht verzweifelt. Es sind sehr gläubige Menschen und auch wenn ihr Schicksal schwer zu fassen ist, verstehen sie es schon gar nicht als Strafe Gottes, ganz im Gegenteil. »Unser Kind ist unser größtes Geschenk«, sagen sie unisono und meinen das auch so. Da ist nichts gespielt. Die Mama hat so ungefähr alle Ärzte und Krankenhäuser in der Welt aufgesucht, um vielleicht doch irgendwo einen Kontakt zu bekommen, der ihrem Kind weiterhelfen kann, oder eine Therapie oder Behandlungsansätze zu entdecken, die sich mit dieser Genkrankheit etwas besser auskennen und Erfahrungen darin haben. Bis heute leider alles Fehlanzeige.

Beide Eltern hatten einen großen Plan und sich ein Ziel gesteckt, nämlich dass ihre Anna-Viktoria einen Hund geschenkt bekommen soll, wenn sie einmal gesund wird. Als sie erkennen mussten, dass ihre Tochter nie ein normales Leben führen können wird und auch immer schwerbehindert sein wird, haben sie ihr den Hund mit dem Namen »Mozart« gleich geschenkt. Als sie das so erzählten, war ich sehr gerührt. In der Zwischenzeit hat Anna-Viktoria ein Brüderlein bekommen, den kleinen Moritz. Er ist gesund und die mutigen Eltern, das darf man ruhig so sagen, dürfen sich über ihren Buben zurecht freuen. Schnell war der Plan geschmiedet, dass beide Kinder zusammen getauft werden sollten. Anfang des neuen Jahres sollte es so weit sein.

Mitte Dezember aber – ich war gerade dabei, unseren großen Christbaum in der Kirche zu elektrifizieren und mit hunderten Lichterketten zu behängen – erreichte mich spät abends der Anruf am Telefon. Mit ruhiger Stimme bat mich Anna-Viktorias Vater, doch heute Nacht noch zu ihnen ins Krankenhaus zu kommen. Wir müssten die Taufe der Tochter unbedingt vorziehen, sagte er. Nach einem langen Gespräch mit den Ärzten war der Entschluss gefallen, die kleine Anna-Viktoria keinen weiteren lebenserhaltenden Maßnahmen zu unterziehen. Ihr Zustand hatte sich überraschend rapide verschlechtert und es gab keine ausreichende Prognose mehr und schon gar nicht eine Aussicht auf eine gemeinsame Taufe mit ihrem Bruder. Eine Nottaufe also, und das mit einem kleinen Kind. Zum ersten Mal in meinem Priesterdienst bekam ich eine solche Aufgabe übertragen. Ich war angespannt und bereits auf dem Weg ins Krankenhaus voller innerer Trauer, ohne zu wissen, wie bald ich gleich einige ganz außergewöhnliche Menschen antreffen würde, die fest in ihrem Glauben verwurzelt ihre ganze Liebe zeigen und mich als Priester mit in diese Kraft der Liebe hineinnehmen werden.

Als ich das Zimmer im Krankenhaus betrete, finde ich ein liebevoll adventlich geschmücktes Kinderkrankenzimmer vor, aus einem Kassettenrekorder erklingen leise beruhigende Kinderlieder. Anna-Viktoria liegt seitlich gebettet in ihrem Bettchen und röchelt ein wenig mit weit geöffneten Augen. Ihre Eltern, die Oma und Anna-Viktorias früheres Au-Pair-Mädchen, das wegen ihrer Erfahrung mit Anna bereits selber gelernte Kinderkrankenschwester geworden war, sind an ihrem Bett versammelt. Ich spüre, wie mir jetzt schon die Tränen in die Augen schießen, ich bringe kein Wort mehr heraus. Die Mama erzählt mir mit so liebevollen Worten, welchen kleinen Engel sie mit ihrer Tochter bekommen haben. Sie zeigt mir ein Handyvideo, wie Annas Vater mit seiner Tochter auf dem Arm hin und her tanzt und schickt gleich die Antwort auf meine noch ungestellte Frage hinterher, wie denn die blinde und gehörlose Anna überhaupt tanzen kann: »Sie spürt die Musik, wissen Sie! Und? Ist sie nicht wunderschön?«

Ich bin unheimlich berührt und wirklich sprachlos, knie mich vor Annas Bettchen nieder und lege meine Hand auf ihren kleinen Kopf. Bei jedem Sakrament spielen ja die Hand und die Berührung eine entscheidende Rolle, von der Taufe über die Beichte, die Kommunion, die Firmung, die Priesterweihe und Trauung bis hin zur Handauflegung bei der letzten Ölung. In diesem Moment ist es irgendwie beides, durchschießt es mich, Taufe und letzte Ölung in einem. Das hier wird jedenfalls keine normale Taufe werden, das wusste ich. »Geben Sie bitte acht«, weist mich Annas Vater hin, »am linken Arm hat sie einen Verband; da war die Kanüle und sie zieht den Arm sofort weg, wenn man ihn berührt, weil sie Angst hat, noch einmal gestochen zu werden.« Dann legt er Annas Lieblingsstofftier in ihre andere Armbeuge. Spätestens jetzt weiß ich, das geht hier alles anders. Ich schluchze ein wenig, sage der Anna, was für ein wundervolles Mädchen sie ist, wie viel Liebe und Freude sie uns geschenkt hat in ihrem kurzen Leben, wie viel Licht und Wärme sie verbreitete. Dann war Schluss mit reden, ich konnte einfach nicht mehr. Mit ein wenig Taufwasser benetze ich ihren Kopf, ich salbe sie mit Chrisam-Öl auf dem Kopf und, ganz vorsichtig, an ihren Händen. Dann zünde ich kleine Taufkerze mit einem Christussymbol darauf an und zeige ihr die Kerze, obwohl ich weiß, dass sie sie gar nicht sehen kann. Aber in ihren weit geöffneten, dunklen Augen spiegelt sich die kleine Flamme ihrer Taufkerze. »Du bist ein so wunderbares Licht, liebe Anna, das uns der liebe Gott mit dir in diese dunkle Welt geschickt hat. Wir sind dir so dankbar dafür. Du hast uns mit deinem Leben gezeigt, wie wertvoll und wichtig jeder einzelne Mensch ist.« Mehr bringe ich nicht mehr an Worten heraus. Ich stehe wieder auf, packe meine Utensilien in eine kleine Tasche, schaue Annas Eltern an und sagte noch zu ihnen: »Ich habe so eine große Hochachtung vor euch, ich kann das gar nicht aussprechen!« – Dann verlasse ich sie und gehe hinaus in die dunkle Adventnacht. Völlig übermannt von meinen Gefühlen schaue ich in den Himmel und sage leise: »Wieso mutest du uns das zu, lieber Gott?«

Zwei Tage später ist Anna gestorben und kurz vor Weihnachten treffen wir uns zur Beerdigung bei nasskaltem Wetter auf dem Friedhof. Alle Freunde und Bekannte sind gekommen und es herrscht eine knisternde, aber irgendwie wohltuende Spannung zwischen unendlicher Trauer und einer tiefen inneren Ruhe. In der Trauerhalle steht der kleine weiße Sarg, darauf Annas Lieblingsstofftier, auf einer Leinwand flimmern wechselnde Bilder von Anna und ihrer Familie. Dann lesen ihre Eltern abwechselnd ihren ganz persönlichen Abschiedsbrief an Anna vor:

»Liebe Anna! Du hast uns so vieles gelehrt. Welche Dinge im Leben wirklich wichtig sind beispielsweise. Familienglück hatten wir mit dir, du konntest kuscheln wie niemand anders. Tanzen fandest du toll, und schaukeln. Und planschen, zumindest wenn das Wasser schön warm war. Du hast uns Geduld beigebracht. Wir beide waren zuvor buchstäblich auf der Überholspur unterwegs, hatten unsere Blinker gesetzt. Du hast uns gelehrt, dass man sich für alle Dinge so viel Zeit nehmen muss, wie diese Dinge eben benötigen. Egal ob ein wichtiger Termin ansteht, das Telefon klingelt oder sonst was. Und du hast uns gelehrt, dass man nicht von außen über Menschen urteilen kann, die sich in Situationen befinden, in denen man selbst sich nie befand. Als wir erfuhren, dass du keine Chance auf Heilung hast, hast du deinen Hund bekommen zum Trost, quasi als Therapiehund. ›Mozart‹ heißt er und ist bis in die letzten Tage nie mehr von deiner Seite gewichen. Es war deine Bestimmung, zu uns zu kommen – du hattest von Anfang an auf Dauer keine Chance im Leben und bekamst von uns dennoch Liebe und Zuwendung. Du warst auch ganz genau für uns bestimmt, dich musste man einfach lieben! Jeden, der dich kennenlernen durfte, hast du in deinen Bann gezogen. Unglücklich hast du uns sicher nicht gemacht. Wir hatten so viele glückliche Momente

mit dir. Ja, es gibt mehr auf dieser Welt als nur das, was wir sehen, was wir hören, was wir spüren können. In unendlich tiefer Liebe. Deine Eltern.«

Dann machen wir uns auf den Weg zu Annas Grab in tiefer, berührender Stille. Mozart trägt Annas Stofftier im Fang und als Annas Sarg langsam in ihr Grab hinab gesenkt wird, tritt er ans Grab heran und lässt Annas Stofftier hineinfallen. Lieber Gott, was mutest du zu uns? Es war eine absolute Stille auf dem Friedhof, die man greifen konnte. Aber ein Blick in den Stall von Bethlehem genügt, hinein in die Krippe mit dem Jesuskind und wir bekommen eine Antwort: Sieh her! Da ist nichts, was er nicht selbst auch tragen würde.

13. Dezember

Die Heilige Lucia »Licht, wir brauchen Licht«

Neben Maria, ihrer Cousine Elisabeth – der Mutter des Johannes des Täufers – und der Heiligen Barbara ist die Heilige Lucia die dritte große Frau unseres Advents und eine bedeutende historische Figur, die in den letzten Jahrzehnten immer mehr an Popularität auch in unseren Kreisen gewinnt. Der Legende nach gelobte Lucia, Tochter einer vornehmen und reichen Familie, schon als Kind ewige Jungfräulichkeit, aber ihre Mutter Eutychia wollte sie unbedingt verheiraten; ihr Vater Lucio starb, als sie fünf Jahre alt war. Lucia zögerte die Verlobung immer wieder hinaus. Als die Mutter erkrankte, unternahm Lucia mit ihr eine Wallfahrt nach Catania zum Grab der Heiligen Agatha. Ein Gebet und eine Erscheinung heilten die Mutter, die daraufhin ebenfalls Christin wurde. In einem Traumgesicht erschien Agatha der Lucia, verwies sie auf die Kraft ihres Glaubens und sagte ihr ein ihr ähnliches Schicksal wie das eigene, also das Martyrium, voraus.

Zurückgekehrt kündigte Lucia die abgesprochene Eheschließung. Mit ihrem Vermögen und mit der Unterstützung ihrer Familie gründete sie eine Armen- und Krankenstation, auch die wundersam geheilte Mutter unterstützte ihre Tochter nun. Lucia brachte ihren Glaubensgenossen regelmäßig Lebensmittel in die Verstecke. Damit sie beide Hände zum Tragen der Speisen frei hatte, setzte sie sich einen Lichterkranz aufs Haupt, um in der Dunkelheit den Weg zu finden. Seitdem ist sie die heilige Lichtträgerin der Adventszeit, war doch der Lucia-Tag traditionell der kürzeste Tag des Jahres. In unserer bayerischen Sprache hat sich ein sehr origineller Begriff für eine solche Beleuchtung auf dem Kopf entwickelt. Man sagt auch gerne liebevoll »Hirnbirn« dazu. Sie hat später Eingang gefunden im Bergbauhandwerk als die berühmte Stirnlampe der Bergleute. Ein wunderschöner Brauch hat sich auch in Fürstenfeldbruck bei München erhalten. Dort werden am Lucia-Tag kleine gebastelte Boote mit Lichtern auf der Amper, dem örtlichen Fluss, zu Wasser gelassen.

Aber zurück zu Lucias Geschichte: Als ihr ehemaliger Verlobter erfuhr, dass sie ihr Erbe verschenkt hatte, zeigte er sie beim Präfekten an, der sie daraufhin in ein Dirnenhaus verschleppen lassen wollte, wie man es auch schon mit der Heiligen Agatha gemacht hatte. Aber selbst ein Ochsengespann und tausend Männer waren nicht imstande, die gefesselte Lucia von der Stelle zu bewegen. Weder ein Zauberer noch rund um sie entzündetes Feuer und über sie ausgegossenes, siedendes Öl konnten ihr etwas anhaben. Sie schlugen dann mit einem Schwert auf Lucia ein, sie aber betete laut weiter und verkündete das Ende der Verfolgungen und den nahen Frieden des Christenreiches, wenn Kaiser Maximian gestorben und Kaiser Diokletian vertrieben sei. Lucia starb erst, nachdem sie die Eucharistie empfangen hatte.

Im Mittelalter wurden am Lucia-Tag die Kinder beschert; erst im 16. Jahrhundert kristallisierte sich der 24. Dezember zum Geschenktag in der Weihnachtszeit heraus. Was sich in vielen Gegenden aber auch erhalten hat am 13. Dezember, am Lucia-Tag, ist die Armenspeisung, bei der Kichererbsen mit Zucker gekocht werden, bis daraus eine feste Masse entsteht. Wie am 4. Dezember in Erinnerung an die Heilige Barbara werden auch am Lucia-Tag Kirschzweige abgeschnitten und in eine Vase gestellt. Wenn sie nach vier Wochen aufblühen, soll den Menschen das Glück im kommenden Jahr hold sein.

Eine ganz besondere Tradition haben Lucia-Bräuche in Schweden. Dort ist der Lucia-Tag seit mehr als 200 Jahren ein ganz hoher Feiertag: Die älteste Tochter im Hause stellt die Heilige dar, trägt am Morgen des 13. Dezember ein langes weißes Kleid und hat den Kopf mit einem grünen Kranz – oft aus Preiselbeeren – geschmückt, in den eine Reihe brennender Kerzen gesteckt sind. So geht sie morgens von Zimmer zu Zimmer und weckt die Eltern und Geschwister. Alle warten schon darauf, denn sie bringt das Frühstück ans Bett und die ersten Kostproben der Weihnachtsplätzchen, ihr Licht ist Vorbote des Weihnachtslichtes. So wird eine beliebte Heilige und Patronin der Armen und Blinden zur Heiligen, die unsere Herzen berührt und ganz unaufdringlich dem Weihnachtsgeheimnis zuführt – auch wenn sie für viele noch etwas unbekannt ist. Eine liebenswerte uralte Bauernregel drückt es so aus: »Lucia kürzt den Tag, soviel sie ihn nur kürzen mag, denn an Sankt Lucia ist der Abend dem Morgen nah.«

Kein Leben ist möglich ohne Licht. Das ist die Grundlehre der Heiligen Lucia. Manchmal sagen Menschen auch ganz selbstverständliche Dinge so dahin, dass man ihre eigentliche Bedeutung erst viel später erkennt. Bei uns zu Hause herrschte eine für alle geltende Disziplin. Wir nannten sie auch freie Verbindlichkeit. Gemeint war, dass es Verpflichtungen gibt, die jeden von uns irgendwie binden, etwa zu Hause Hilfsdienste im Haushalt leisten. Wir Kinder waren dabei fürs Müllhinuntertragen zuständig und sollten wir es an dem uns zugewiesenen Tag nicht gemacht haben, dann musste es eben auch noch spät abends erledigt werden, auch wenn es schon dunkel war. Diese Dunkelheit aber war es, die mir – wie vermutlich jedem Kind – so Angst machte. Wir wohnten im dritten Stock und manchmal ging das Treppenlicht, das über eine Zeitschaltuhr geregelt wurde, früher aus, als ich den Ausgang zum Innenhof erreicht hatte. Dann stand ich im stockdunklen Treppenhaus und hatte natürlich furchtbare Angst. Wenn ich dann zu weinen begann, hörte ich nur, wie mir mein Vater zurief: »Hör auf zu weinen, mach dir ein Licht!« Mit Mitleid speiste er mich nicht ab. Er zeigte mir lieber, was ich gegen die Dunkelheit selber tun kann. Diesen Mut und die Fantasie erkenne ich im Leben der Heiligen Lucia wieder. Sie hat damit selbst für das Licht gesorgt, das sie brauchte, um die Armen und Bedürftigen zu erreichen.

Eines Abends im Winter war ich wieder an der Reihe, den noch fälligen Müll herunterzubringen. Diesmal aber war ich absolut dagegen. Es war stockdunkel und kalt und man musste ja noch quer über den Innenhof zu den Mülltonnen laufen. Meistens machte ich das, indem laut vor mich hin sang oder pfiff. Aber an diesem Abend war ich wirklich zu feig. Meine Ansage war daher klar: Nein, ich würde nicht gehen! Dann aber passierte etwas, womit ich nicht gerechnet habe. Meine Mutter bat meinen älteren Bruder, mit mir zu gehen und dieser tat das auch, was mich total überraschte. Fast staunend zog ich mit ihm von dannen. Wie auch sonst ging das Treppenlicht wieder mal zu früh aus. Draußen war es stockdunkel und eisig kalt. Aber diesmal war alles so anders. Ich hatte überhaupt keine Angst, weder vor der Dunkelheit im Treppenhaus oder draußen auf dem Weg ins Tonnenhaus. Ich fühlte mich sicher und beschützt und ich wusste auch warum: Ich war ja nicht allein. Mein Bruder war da. Da konnte mir nichts passieren. Im Gegenteil: Wie zwei mutige Cowboys sah ich uns, die sich durch jedes Gefecht kämpfen und immer sicher an ihr Ziel kommen. Sollen sie doch uns angreifen, die Geister der Nacht, wird sind zu zweit und viel stärker! Das erste Mal war das so, dass ich absolut cool und sicher diesen unliebsamen Dienst verrichtete, völlig selbstverständlich und absolut unaufgeregt. Wie das Helden eben nun mal so tun. Wir mögen uns verwundern, wenn wir vom Sterben der Heiligen Lucia hören, wie mutig sie diesen ihren Weg gegangen ist. Sie konnte es auch nur tun, weil sie ganz genau wusste und fühlte: Sie ist nie allein. Da ist ein Licht an ihrer Seite und in ihrem Herzen, das sie immer begleitet. So wie mein Bruder an meiner Seite auf dem Weg zum Mülltonnenhaus in stockdunkler Nacht.

14. Dezember

Adventstropfen

Kleine Kinder bis zum Ende der Grundschule für Advents- und Weihnachtsbräuche zu begeistern, mag ja noch sehr schwungvoll funktionieren, ebenso wie Familien und Eltern und Senioren. Aber wie kommen wir an die schwierigste Zielgruppe, die jungen Leute von 16–25 Jahren, ran? Ganze Heerscharen von Geistlichen und Seelsorgern haben sich da schon den Kopf zerbrochen, Strategien entwickelt, die modernsten Jugendgottesdienste auf der ganzen Welt entwickelt, plötzlich nur mehr Englisch gesprochen und wirklich regelrecht alle Register gezogen, die es auf der pastoralen Tastatur zu finden gibt. Die Ergebnisse sind eher dürftig. Ein Blick in viele unserer Gemeinden offenbart oft ein sehr großes Desinteresse gerade in dieser Altersgruppe. Einerseits stehen viel zu viele Alternativen bereit, die schleichende Vereinsamung gerade vieler junger Leute tut andererseits das Ihrige dazu. Eines ist klar, hier gibt es keine Patentrezepte. Aber es existieren außergewöhnliche und oft auch sehr einfache Ideen.

Gerade wenn das Brauchtum in der eigenen Familie zurückgeht, ist es so wichtig, dass

es woanders Alternativen gibt. Dafür wären die Pfarreien wie geschaffen. Von diesem Problem betroffen bzw. vor dieser Herausforderung stehend haben wir einmal einfach kurzerhand das direkte Gespräch mit den jungen Leuten gesucht und waren eigentlich überrascht, welch offene Türen wir da einrennen. Ganz entgegen unserer Vermutung war nicht nur das Bedürfnis da, sondern auch die Bereitschaft zur Mitgestaltung, wenn es uns gelänge, eine geeignete Einrichtung oder Veranstaltung zu schaffen, die gerade diese »Leer-Zeit« des Adventsbrauchtums zwischen Kindheit und selbstständigem Erwachsenenalter füllen könnte. Wir begannen zu diskutieren, zu formulieren, abzuwägen, zu erzählen, aber nichts Überzeugendes kam am Ende heraus – bis es dann doch passierte.

Etwas frustriert von der ganzen Gesprächsrunde sagte plötzlich einer der Jugendlichen: »Wir können uns ja einfach nur im Kreis hinsetzen und uns was gegenseitig vorlesen! Wow!« Und plötzlich: völlige Stille. Manchmal ist es genau so ein provozierender Moment, ein herausfordernder Spruch, eine auf den ersten Blick abweisende Reaktion, was am Ende zu einem tragfähigen Ergebnis führt. Vielleicht gehört das einfach zum Glauben und einem natürlichen Gottesverständnis dazu, einmal ruhig um die Kurve zu denken oder wie der Volksmund es ausdrückt: Auf ungeraden Zeilen gerade zu schreiben.

Wir können uns ja »gegenseitig was vorlesen«! Der zynische Unterton in diesem Satz unhörbar. »Uns fällt ohnehin nichts ein! Was strengt ihr euch noch an? Lasst es sein!

Setzt euch hin und lest euch doch was vor, das passt dann schon!« In diese Richtung ging die Kritik des Jugendlichen und wir konnten im Grunde genommen seine Reaktion verstehen und nachvollziehen, aber wir wollten ein Ergebnis, eine Lösung, die uns weiterbringt. Wieso nicht beides zusammenlegen, seine Kritik und den Wunsch nach einer Lösung?

»Wieso sollten wir uns nicht wirklich etwas vorlesen?«, fragte jemand weiter. »Jeder von uns hat doch gute Geschichten zu Hause, die er mag, aus seiner Kindheit kennt, vielleicht in der Schule gehört hat oder was auch immer. Warum soll immer nur einer was vorbereiten für alle? Tun wir uns doch zusammen!« Plötzlich hat uns so viel Kreativität ergriffen, dass wir kaum noch zu bremsen waren. Eine große Idee war geboren und – um es vorwegzunehmen – sie nahm auch Gestalt an, wurde sogar zur Tradition in der Pfarrei für etliche Jahre. Immer am Adventsonntag, also vier Mal auf alle Fälle, gegen den frühen Abend hin, wenn es schon dunkel wurde, trafen sie sich. Schweigend, wie wenn sie etwas zu verbergen hätten, betraten sie ihren Jugendraum. Der wurde vollkommen leer geräumt und sie setzten sich an die vier Wände ringsherum. In der Mitte stand eine große brennende Kerze und jeder hatte sein eigenes Licht dabei. Es gab keine Musik, weil die Jugendlichen meinten, mit dem Musikgeschmack beginne dann gleich wieder eine große Geschmacksfrage. Die Stille, das gelegentliche Husten und Schnaufen der Teilnehmer, das waren die einzigen Geräusche, die man hörte. Dann begann einer zu lesen. Immer eine Woche davor meldeten sich diejenigen, die beim nächsten Mal etwas zum Vorlesen mitbringen wollten. Keiner wurde dazu gezwungen. Nur wer was hatte, hat sich von selbst angeboten. So entstand kein Druck auf die Gruppe. Es wurden so viele Geschichten und so lange vorgelesen, wie es auch Texte gab. Manchmal waren es mehrere und sogar lange, dann wiederum ganz kurze und wenige. Es wurde nicht diskutiert oder kommentiert. Sie wollten nur tun, was damals vorgeschlagen wurde: »Dann lesen wir uns doch einfach Geschichten vor!«

Noch »origineller« aber war die Namensfindung für diese Veranstaltung. Ganz wichtig war nämlich, dass es – und zwar ausdrücklich erst nach dem Lesen und Zuhören – Knabbereien und Glühwein geben musste. Man kann doch nicht einfach so nach Hause gehen, war die Begründung. Und so saßen die jungen Leute oft stundenlang danach noch zusammen. Niemand hat sich betrunken, keiner danebenbenommen. Man spürte förmlich, wie wichtig es ihnen war, für ein paar Stunden dem Adventstrubel draußen zu entkommen. Mit ihrem Becher Glühwein in der Hand und ein paar Naschereien saßen sie auf dem Boden und endlos waren die Themen und Gedanken, die jetzt ausgetauscht werden konnten. Das geschah alles ohne großes Programm, nur einfach so, nahezu aus dem Stegreif. Und so bekam das adventliche Jugendtreffen dann den Namen, der bis heute geblieben ist: Adventstropfen! So wie der Glühwein in ihren Tassen, so tropften die Geschichten, lustige und nachdenkliche, traurige und heitere, in ihre Herzen. Tropfen für Tropfen füllten sie so ihren Speicher auf, mit dem sie sich dann wieder für eine Woche auf den Weg machen konnten. Diese jungen Menschen haben mich nicht einfach nur beeindruckt. Sie haben mir Mut gemacht. Ich spürte ganz genau, dass sie in wenigen Jahren, wenn sie selber für ihre eigenen Kinder verantwortlich sein werden, ganz vertraut mit dem Glauben umgehen werden, als wenn es das Normalste der Welt sein würde. Und wenn ich ehrlich bin: Das ist es auch!

15. Dezember

Adventculture

Die Coronazeit hat uns alles abgefordert. Niemals zuvor haben wir das erlebt. Das Virus hat buchstäblich unser ganzes öffentliches Leben lahmgelegt. Sport, Kultur, Musik, Schule und Kirche, alles war nicht mehr möglich, so wie es vorher war, und niemand konnte sagen, wann der Spuk zu Ende sein wird. Die Menschen blieben zu Hause, die Wirtshäuser geschlossen und wenn man in die Öffentlichkeit ging, dann immer mit Abstand und Mund- und Gesichtsschutz. Die Geisterspiele in den bundesdeutschen Fußballstadien waren ein Grauen. Man spürte in diesem Moment erst so richtig, was uns fehlte: Die Gemeinschaft, das Miteinander, die Enge, durch die sich gute Stimmung ausbreitet wie ein Feuer. Aber es gab auch keine Alternative zu diesen Schritten. Wir hatten keinen Impfstoff und selbst Schutzmasken mussten erst organisiert werden. Medikamente gegen Corona waren alle noch in der Testphase. Täglich erhielten wir den Bericht des Robert-Koch-Instituts zur Lage der Coronasituation in unserem Land, wie viele neue Fälle an Erkrankungen es gab und vor allem, wie viele Menschen bereits verstorben waren. Es schien alles so aussichtslos – und trotzdem wollte Weihnachten gefeiert werden.

Als es wieder möglich war, Gottesdienste zu feiern – natürlich unter Einhaltung aller notwendigen Sicherheitsbestimmungen, damit es nicht zu ungebremsten Ansteckungen, vor allem der gefährdeten Personengruppen, kam – trat eine sehr heikle gesellschaftliche Situation ein. Zwar durften auch Gottesdienste nur ohne Gesang und mit ausreichendem Abstand untereinander und limitierten Teilnehmern, je nach Raumgröße der Kirche, gefeiert werden. Aber die Kulturbühnen, Konzerthallen und Orchesterschauplätze blieben wegen Ansteckungsgefahr geschlossen. Da war es eigentlich klar, dass das einen Kulturkampf geben würde, den niemand brauchte und der auch niemandem weiterhalf. Warum sollte den Kirchen etwas möglich und erlaubt sein, während die Kultur und die Musik völlig verstummen? Dabei ging es gar nicht um die ganz Großen, sondern in erster Linie um die kleinen Künstler, die aus der Region kommen, die nicht die großen Hallen füllen, sondern eher Nebenräume in Wirtshäusern und dennoch von dieser Arbeit leben möchten. Uns war klar, dass es über kurz oder lang schwere Vorwürfe gegen uns Kirchen geben wird: Von wegen Gleichbehandlung. »Die dürfen wieder mal, während wir zurückstecken und einstecken müssen.« Ein neuer Kulturkampf zog am Himmel auf: Kultur vs. Kirchen!

Und wieder war die Rettung eine Idee, die aus dem Volke kam, wie bei den Adventstropfen. Die Idee war einfach, aber genial. Ganz oft im Leben ist nun mal das Einfache auch das Genialste. Wieso sollten wir nicht die Kultur dort hinbringen, wo die Kirche sein darf, nämlich in ihre Räume! Es war ausdrücklich untersagt, in Kirchen Konzerte zu veranstalten, aber es war nicht untersagt, Gottesdienste zu feiern. Es durfte nicht gesungen werden, was jetzt einem leibhaftigen Altbayern wie mir nicht schwer abträglich war. Aber Musik gespielt werden, das war nicht nicht erlaubt. Also war von ein paar engagierten Leuten eine Idee geboren, die sofort umgesetzt wurde: Der »Adventculture«, so haben wir ihn genannt. Die Idee war simpel: Wir, die Kirche, luden die Künstler ein, in unserer Kirche ihre Musik zu machen, und zwar erlaubterweise während des Gottesdienstes. Die verschiedenen Gruppen sollten jetzt nicht plötzlich Kirchenlieder spielen, auf keinen Fall. Sie sollten nur ihre eigene Musik machen an exakt den Stellen im Gottesdienst, wo ansonsten die Gläubigen singen würden oder eben musiziert werden würde. Damit wäre das Ansteckungsrisiko absolut minimiert, der Abstand zueinander gewahrt, aber die Künstler könnten wieder einmal vor Publikum auftreten und sie bekämen auch eine ganz normale Gage für ihr Tun. Das Geld hierfür haben wir uns zuvor bei Sponsoren erbeten. Damit es auch wirklich eine Win-Win-Situation werden würde, hatte man der Gemeinde erklärt, dass sie ab jetzt wieder Musik in ihrer Kirche bekäme, selber aber nicht singen müsse, was sie ja auch nicht durfte. Aber Zuhören war erlaubt und vor allem in jeder Sonntagsmesse würde uns eine andere musikalische Stilrichtung präsentiert werden. Als Letztes kümmerten wir uns noch um die

Technik, denn alle Gottesdienste wurden online gestreamt und jeder konnte von zu Hause am Bildschirm seines PCs oder Fernsehers mitfeiern. So war auch gewährleistet, dass niemals zu viele Leute in der Kirche vor Ort wären und keine Höchstgrenze überschritten würde.

Diese wiederum wurde mit einem ganz einfachen System kontrolliert, nämlich mit bunten Wäscheklammern! Wer die Kirche betrat, entnahm eine solche Klammer einem Korb, steckte sie sich an, und wenn er wieder ging, gab er sie zurück. Kurz dazwischen mit Desinfektionsmittel besprüht, waren sie wieder einsatzbereit. Wenn keine Klammern am Eingang zur Verfügung standen, hat man einfach gewartet, bis andere wieder nach Hause gingen. Wir nannten das das »kirchliche Parkhaussystem«! Rein kam nur einer, wenn ein Platz frei wird, weil ein anderer rausgeht. Das System hat sich so bewährt, dass wir es selbst am Heiligen Abend anwandten. Wir feierten nicht zwei große Christmetten nachmittags und in der Nacht mit vielen Leuten – die gar nicht hätten reingehen dürfen –, sondern wir boten statt einer Christmette um 12 Uhr lieber gleich 12 Christmetten an. Am Heiligen Abend um 12 Uhr mittags ging es los, jede Stunde begann entweder ein Gottesdienst, eine Andacht, ein Gebet und darin je ein Konzert, ein Theaterspiel, eine Lesung. Und das durchgehend bis 12 Uhr Mitternacht. Und nur wer eine farbige Wäscheklammer am Kragen trug, konnte in die Kirche reingehen. Unser Stolz über so viel Einfallsreichtum war damals fast das schönste Weihnachtsgeschenk.

Aber vor allem dankten es uns die vornehmlich jungen Künstler, und das auch gar nicht so sehr wegen des Geldes, das wir ihnen dank freigiebiger Sponsoren zahlen konnten. Dass sie wieder vor Menschen auftreten konnten, hat sie am meisten berührt. Es sei doch ihr Leben, Menschen mit ihrer Musik anzusprechen, zu berühren und zu erfreuen. Wer das nicht kennt, kann gar nicht verstehen, wie sehr uns dieses Virus in doppeltem Sinne lahmgelegt hat. Entweder wurde man infiziert und selber krank oder man konnte seinen Beruf einfach nicht ausführen. Wir als Kirche haben es wenigstens einigen von ihnen doch noch ermöglicht und nicht nur, dass wir einen möglichen Konflikt zwischen Kunst und Kultur im Vorfeld aufgelöst haben, war entscheidend. Ohne dass es beabsichtigt war, konnten wir viele neue Leute mit dem in Berührung bringen, was wir als Kirche machen. Dass dann bei einem Gloria- oder Heiliglied eine moderne Jazzhymne erklingt, hat uns bereichert und niemand hat einen Mangel darin entdeckt, dass jetzt nicht die übliche Musik erklingt. Etwas ganz Ungewöhnliches ist da entstanden und in großer Dankbarkeit an alle, die das erdacht, organisiert und durchgeführt haben, können wir heute sogar an diese schreckliche Coronazeit zufrieden zurückdenken.

16. Dezember

Der Heilige Sturmius und die Rollstuhlrampe

Der Advent und die Weihnachtszeit sind voll von großen Namen und Gestalten. Einige haben auch in diesem Buch schon ihren Auftritt gehabt. Da sind die ganz großen wie ein Bischof Nikolaus, aber eben auch viele andere – auch namenlose wie die Hirten –, die sich um das Weihnachtsgeschehen scharen. Es tauchen echte Schwergewichte und religiöse Kaliber auf wie die die Heiligen drei Könige Kaspar, Melchior und Balthasar, aber auch die kleinen und für viele Betrachter noch unbekannten kriegen ihre Chance. Einer, der wohl vielen völlig neu sein dürfte, ist der Heilige Abt Sturmius von Fulda.

Sturmius stammte aus bayerischem Adel und lernte im 8. Jahrhundert den Heiligen Bonifatius kennen, der für die Christianisierung und die Errichtung der bayerischen Diözesen verantwortlich war. Er kümmerte sich auch darum, dass Sturmius als sein Lieblingsschüler solide ausgebildet und in die Bibelkunde eingeführt wurde. Sturmius wurde zum Priester geweiht, war ein sehr erfolgreicher Missionar in Hessen und lebte dann drei Jahre lang als Einsiedler, bis er ein Kloster an der Fulda gründete, in dem die Mönche nach der Regel des Heiligen Benedikt von Nursia leben sollten, und aus dem die heutige Stadt Fulda entstand. Heute steht dort, an der Stelle des früheren Klosters, der berühmte Dom zu Fulda mit dem Grab des Heiligen Bonifatius, dem Patron Europas. Sein Grabstein ist etwas ganz Besonderes, ist er so gestaltet, dass man sieht, wie der Heilige Bonifatius regelrecht aus seinem Sarkophag herausklettert und schon die Grabplatte beiseitegeschoben hat. Es ist der Tag seiner Auferstehung gekommen.

Sturmius geriet zwar wegen machtpolitischer Auseinandersetzungen zunächst in große Schwierigkeiten, wurde sogar in ein Kloster nach Frankreich ins Exil verbannt, kam aber wieder zurück und machte aus dem Kloster in Fulda eines der bedeutendsten Klöster im Mittelalter. Von einem Kriegszug, auf dem er den König begleitete, kam er krank zurück und starb kurz darauf.

Beim ersten Hinsehen deutet nur sein Ehrentag am 16. Dezember, der ja immer in den Advent hineinfällt, auf einen möglichen Bezug zur Adventszeit hin. Wäre da nicht mein Ausbildungs- und Lehrpfarrer in meiner ersten Pfarrei in Bad Kohlgrub gewesen, bei dem ich mein Diakonatsjahr verbringen durfte, hätte ich wohl nie weiter über Sturmius nachgedacht. Aber nur über meinen Lehrpfarrer bin ich ja überhaupt auf diesen so unbekannten und doch großartigen Heiligen gestoßen und habe von ihm gelesen. Wir können uns heute die Lebensleistung der Menschen von damals gar nicht mehr vorstellen. Wie sie die ungeheuren Wegstrecken in Europa überwunden, Kälte und Widrigkeiten getrotzt und ein derart karges Leben in ihren Klostermauern geführt haben. Das müssen unglaublich starke Männer und Frauen mit herausragenden Fähigkeiten gewesen sein sowie mit einer unglaublich stabilen körperlichen und seelischen Konstanz. Mein Lehrpfarrer nun war in seiner Zeit vor dem Weltpriestertum sehr eng mit dem Benediktinerorden verbunden und immer wieder erzählte er mir von seinem Lieblingsheiligen, dem Heiligen Sturmius. Der Name war ungewöhnlich, aber auffällig war die Allegorie des Sturms darin, die hervorragend zum Wesen meines Lehrherrn passte. Mein Pfarrer war nämlich so ein »Sturm«, eine gewaltige Persönlichkeit mit ungeheuer viel Kraft und Energie. Er konnte in einem Augenblick explodieren, dass es ihm die Zornesröte gerade so ins Gesicht trieb und die Augen regelrecht herausquollen, um dann sofort wieder umzuschwenken und herzhaft lachend abzuwinken. So wie der Sturm aufbraust, so schnell verschwindet er auch wieder, hatte man bei ihm das Gefühl. Er war mitfühlend, mitleidend und dann wieder schroff und abweisend, je nachdem, welcher seelische Wind gerade in ihm wehte. Wenn einer die Charaktereigenschaften seines Heiligenvorbilds ganz und gar angenommen hatte, dann war es mit Sicherheit dieser stämmige und stets voller Energie strotzende Bauernpfarrer.

Das änderte sich ganz plötzlich ein paar Tage vor Weihnachten. Eine noch ungeklärte Krankheit in den Beinen zwang diesen urgewaltigen Mann zum Nichtstun. Er konnte kaum noch laufen, geschweige denn Auto fahren oder in der Kirche Gottesdienste halten, und das gerade jetzt vor Weihnachten, dem Höhepunkt des Jahres. Dazu kam, dass wir einen herrlichen Winter im Alpenland erleben durften mit Unmengen an Schnee. Das aber stimmte meinen Chef auch nicht gerade fröhlicher. Die meiste Zeit saß er auf seiner Bank in seiner Bauernstube oder bewegte sich mühsam mit einem geliehenen Rollstuhl im Pfarrhaus fort. Seine Stimmung sank immer mehr und seine Laune wurde schlechter von Tag zu Tag, je näher das Weihnachtsfest heranrückte. Das erste Mal in so vielen Jahren in seiner Pfarrei, wo er alles und jeden kannte, mit jedem Bewohner bekannt und vertraut war, eine richtige Familie aus seiner Gemeinde gemacht hatte, und ausgerechnet er sollte also am Heiligen Abend und an den Festtagen allein in seinem Pfarrhaus sitzen und einem fremden Priester als Aushilfe seine Kirche und seine Leute überlassen? Er, der selbst im Winter mit heruntergelassenem Autofenster durch seine Ortschaften fuhr, weil er doch jedem zuwinken musste, den er beim Vorbeifahren auf der Straße sah, er sollte nun ohne diese Menschen Weihnachten verbringen?

Auch seine berühmte Dorfbrunnenjugend – eigentlich ein sozialer Brennpunkt mit etlichen jungen Leuten, die irgendwie nicht wussten, wohin sie gehen sollten nach getaner Arbeit, und die er bei sich in einem kleinen Häuschen neben dem Pfarrhaus aufgenommen und ihnen einen sicheren Treffpunkt gegeben hat – müsste er für die nächste Zeit oder noch länger aufgeben. Immer mehr spürte ich, wie dieser Mann den Heiligen Sturmius in sich regelrecht verkörperte, und ich litt immer mehr mit ihm, wenn ich ihn so mit gebeugtem Haupt in seiner Stube sitzen und lustlos seine Zigarillo rauchen sah und er zu keiner Konversation mehr aufgelegt war. Wer würde jetzt mit mir die Predigtgespräche führen? Es war auch mein erstes Weihnachten im kirchlichen Dienst und er war doch mein Ausbildungspfarrer! Wie sollte ich von jemanden etwas lernen, der sich selber bereits aufgegeben hat? Die Lage schien aussichtslos.

»Heiliger Sturmius, hilf«, dachte ich mir. »Also wenn es einer irgendwie richten kann, dann dieser Heilige, den der Chef so unglaublich verehrt. Vielleicht ist er ja auch zu Spontanheilungen fähig? Probieren kann man es ja.« So zumindest war mein Plan. Feststand, dass das direkte Heilen im Repertoire des Heiligen Sturmius nicht vorgesehen war. Die Krankheit im Fuß wurde nicht wesentlich besser und die Ärzte diagnostizierten eine sehr seltene rheumatische Erkrankung, die eine völlige Ruhigstellung des Beins ohne jegliche Belastung – gerade bei seinem Körpergewicht – für mehrere Wochen erforderlich machte. Damit war also Weihnachten für den Chef gelaufen. Ich wusste nicht, wer enttäuschter war, er oder ich. Auch mein bisher uneingeschränktes Vertrauen in die Hilfe unserer Lieblingsheiligen und Namenspatrone war sehr schwer beschädigt.

Nach einem wortlosen Abendessen mit meinem Pfarrer und unserer Haushälterin machte ich mich wieder auf den Weg durch den tiefen Schnee an diesem herrlichen Winterabend im verschneiten Bad Kohlgrub. Ich kam am Dorfbrunnen vorbei, an dem – obwohl sie ja unsere Räumlichkeiten benutzen konnten – die Jugendlichen standen. Sie tranken Bier, einige rauchten, scherzten und lachten. Als sie mich sahen, riefen sie mir zu und winkten freudig. Und in diesem Moment griff der Heilige Sturmius ein, und zwar so stürmisch, wie es sein Name schon sagt. Es durchfuhr mich wie ein Blitz, der in mich einschlug, als diese jungen Leute mir zuwinkten. Ich weiß nicht, und es ist auch völlig egal, wer für diese Idee damals zuständig war, aber sie war in diesem Moment geboren und ich wusste – so sicher wie das Amen in der Kirche –, dass der Ausweg gefunden ist.

Ich ging zu den Jugendlichen hin und eröffnete ihnen meine Idee. Sie stammten aus allen möglichen Berufen, teilweise hatten sie bereits ausgelernt. Sie waren Schreiner, Zimmerer, Automechaniker, Elektriker, keiner stand berufslos da. Man hüte sich davor, solche jungen Leute, die öffentlich an so einem Ort versammelt scherzen, Bier trinken und feiern, als Nichtsnutze abzutun. Natürlich waren sie nicht jeden Sonntag in der Kirche, aber darum ging es nie. Dass wir, die Kirche vor Ort ihre Heimat waren, das stand fest. Ich sprach mit ihnen, dass ich unbedingt ihre Hilfe bräuchte, dass der Pfarrer jetzt sie bräuchte, dass es ohne sie nicht gehen würde. Denn sonst könnte Weihnachten am besten gleich ganz ausfallen. Sie haben sofort zugesagt, keine Sekunde gezögert und fast so getan, als würden sie so etwas immerzu machen. Am nächsten Tag abends sollte es losgehen und für den Pfarrer natürlich eine Überraschung werden für den kommenden, letzten Adventsonntag. Diese jungen Leute hatten alles Notwendige organisiert und mitgebracht, hatten in einer Hau-Ruck-Aktion die ganze Kirche mit Holzrampen rollstuhlgerecht umgebaut, die Zufahrtswege zur Kirche vom Schnee befreit und abgesichert, dass mehr Platz zur Verfügung stand als nur ein Trampelpfad.

Der Kirchenfriedhof bekam einen provisorischen hölzernen Gehweg, damit man mit einem Rollstuhl vom Friedhofseingang aus die Sakristei erreichen konnte, und alle Altarstufen wurden mit geschmeidigen Rampen ausgestattet und mit Filzteppichen verkleidet, damit sich unser Pfarrer auch mal ohne fremde Hilfe mit seinem Rollstuhl darin fortbewegen konnte. Genauso ist es gemacht worden. Nach etwa vier Stunden gemeinsamer Arbeit, an der alle Jugendlichen mitwirkten, war alles gerichtet. Der Pfarrer selber hatte nichts bemerkt, es war schon abends und draußen war es dunkel. Die große Überraschung kam dann am Sonntag, als ihn alle Jugendlichen mit mir zusammen am Pfarrhof abholten, ihm unser Werk verkündeten, ihm seinen alten Lodenmantel anzogen und ihn in seine Kirche zur Messe hinüberbrachten. Die Wege waren geräumt, der Friedhof begehbar, die Rampen in der Kirche perfekt. Und so konnte er die Messe mit seiner Gemeinde feiern, sitzend in seinem Rollstuhl. Anfangs wollte er es nicht glauben, konnte es sich gar nicht vorstellen, wie das Ganze gehen soll. Es waren mindestens 500 Meter, allein vom Pfarrhaus hinüber zur Kirche, und das bei dem Winterwetter! Und die Kirche selbst war ja voller Stufen! Als wir ihn in die Kirche hineinschoben – alle Leute waren bereits da und haben begonnen zu klatschen – da habe ich meinen Lehrpfarrer, diesen gewaltigen und oft so stürmischen, aufbrausenden und hinlangenden und jetzt doch so kleinen, gebrochenen Riesen von Mann ganz leise und verstohlen weinen gesehen. Ich glaube, dass dies sein glücklichster Moment in seinem priesterlichen Leben gewesen war, und das in einem Rollstuhl. Dem Heiligen Sturmius sei Dank!

17. Dezember

Mülltonnen, Vorfahrtsschilder und kleine Kapellen

Es muss ganz einfach was Besonderes sein an Weihnachten. Einen großen Adventskranz aufstellen und an Weihnachten einen riesigen Christbaum für die Kirche schmücken ist schön, keine Frage. Gerade der große Christbaum mit weit über 1 000 Lichtern ist mir viele Jahre sehr wichtig gewesen. »Das ist mein Geschenk an meine Pfarrei«, habe ich immer gesagt. Schon im Sommer habe ich den Baum gesucht, im Wald oder in Gärten, hab bei den Besitzern gefragt, ob ich ihn bekommen könnte für meine Kirche, oder er wurde mir gleich von Anfang an von den Besitzern angeboten. Nur das Fällen und Abtransportieren war dann meine Sache. Das war jedes Mal eine riesige Aktion, die mir unglaublich viel Freude gemacht hat. Der Baum musste natürlich noch aufgestellt werden in der Kirche und gut eine Woche brauchte ich meistens für ein solches 10 Meter hohes Prachtstück, um es zu elektrifizieren. Das alles kostete sehr viel Kraft und an Weihnachten spürte

ich meist keine Glieder mehr an meinem Leib vom ständigen rauf- und runterkraxeln. Aber es war halt wie jedes Jahr *nur* ein Christbaum, auch wenn er noch so mächtig war. Wir sind ja auch nicht das Rockefeller-Center in New York. Da genügt ein solcher Riesenbaum, den man einmal auf Knopfdruck einschaltet, um die Leute zum Staunen zu bringen. In einer Kirche und im Advent und an Weihnachten aber geht's doch um mehr. Die Menschen sollen verstehen, spüren, begreifen, was da geschieht und was wir hier feiern. Wir müssen gestalten, nicht dekorieren! Das ist immer mehr mein Credo geworden und so haben wir jedes Jahr einen neuen Weg gesucht und ausprobiert, um den Menschen das Weihnachtsgeheimnis zu entschlüsseln. Die wohl originellsten Installationen waren ganz bestimmt die 10 Mülltonnen, 40 Vorfahrtsschilder und 24 kleine griechische Kapellen (Proskinitarien) in der Kirche.

Die Adventszeit ist ja eine Bußzeit, deswegen auch die liturgische Farbe violett. Wir bereiten uns auf Weihnachten vor und da genügt es nicht, nur viele Plätzchen zu backen und Geschenke zu besorgen. Alles wird hergerichtet und fein herausgeputzt, denn es kommt ja ein ganz großer Gast, nämlich der Herrgott selbst. Es wird aufgeräumt, wo immer es nottut. Niemals hätten unsere Kinderzimmer am Heiligen Abend unordentlich sein dürfen. Aufgeräumt aber wird auch in unseren Herzen, dachten wir uns. Noch heute ist die Weihnachts- und Osterbeichte ein fester Bestandteil der Vorbereitung für viele Katholiken, ein für mich sehr liebenswerter religiöser Brauch, den ich auch selbst konsequent einhalte. Einmal kam bei einem Adventstreffen mit Jugendlichen beim Thema Aufräumen im Advent der Ausdruck »Mülltrennung« auf. Es gäbe doch so viel Müll und Unrat bei jedem in seinem Leben. Der muss jetzt im Advent unbedingt entsorgt werden, aber nicht einfach auf einem Haufen, sondern schön sauber voneinander getrennt. Auch Müll ist nicht einfach Müll! Und schon war wieder mal eine Idee geboren: Warum nicht alle zusammen, mit der ganzen Gemeinde gemeinsam Müll trennen? »Machen wir doch für diese Adventszeit aus unserer Kirche eine solche Mülltrennungsanstalt«, waren sich alle einig. »Die Beichtstühle sind ja schon da«, meinte noch pfiffig der jüngste unter den Jugendlichen dazu. Wir haben alle Hebel in Bewegung gesetzt. Beim Abfallwirtschaftsamt der Stadt München hat man uns 10 neue, ungebrauchte, blaue Mülltonen bis Weihnachten ausgeliehen, wir haben sie deutlich beschriftet, welche Art von Unrat wo eingeworfen werden kann. Die Kirchenbesucher sind dann von uns im Gottesdienst eingeladen worden, diese Mülltonnen zu füllen – mit einem kleinen Gegenstand, einem Blatt Papier oder ähnlichem, was symbolisch für das stehen sollte, was man innerlich aufräumen möchte. Neid, Undank, Jähzorn, Faulheit, Rücksichtslosigkeit, Undankbarkeit, Gedankenlosigkeit, Eigensinn, Egoismus und Humorlosigkeit – diese Müllsorten sind uns sofort eingefallen. Und da standen sie nun, blau und glänzend mitten in der Kirche, im Mittelgang für jeden sichtbar und mit großen Schildern versehen, welche Tonne für welchen Müll bestimmt ist. Es war eine helle Freude, wie sich so viele Menschen daran beteiligt haben, und manche Mülltonnen sind so richtig voll geworden. Aber der Clou kam dann erst am Heiligen Abend in der Christmette: Da haben die Jugendlichen alle 10 Tonnen mit Stroh aufgefüllt und bei der Krippenlegung während des Weihnachtsevangeliums haben sie nicht nur das Jesuskind in die Krippe im Altarraum hineingelegt, sondern in alle Tonnen im Mittelgang legten die jungen Leute zu den Klängen des Weihnachtsliedes »Zu Bethlehem geboren« eine nackte Puppe hinein, die sie noch zu Hause hatten. »Dieses Stroh ist Stroh aus unserem Hirn, mit dem wir so viel Unsinn denken, machen und anstellen. Heute ist Gott Mensch geworden und er liegt nicht in einer Luxussuite im 6-Sterne-Hotel in einem feinen Bett, nein, er legt sich mitten hinein in das Stroh aus unserem Hirn, in all den Unrat, den wir auf dieser Erde produzieren. Er ist sich niemals dafür zu schade! Das macht er alles nur, um ganz bei uns zu sein!« So kommentierte währenddessen ein Jugendlicher die ganze Aktion und die Menschen waren sehr berührt und beeindruckt zugleich.

Selbstverständlich standen wir jetzt unter Zugzwang. Für das kommende Weihnachtsfest musste die nächste Aktion gefunden werden. Die Idee dazu kam dieses Mal völlig aus dem Nichts. Es war November und wir saßen zu zweit in meinem Auto und fuhren gerade durch München-Schwabing. Das war wie in diesem Spruch: »Zwei Leute, ein Gedanke!« Beide haben wir das Schild gesehen und sofort dasselbe gedacht. Es war ein Vorfahrt-beachten-Schild, ein weißes Dreieck mit rotem Rand, das auf dem Kopf stand.

In die weiße Innenfläche des Verkehrsschildes hat jemand mit einem dicken schwarzen Stift hineingeschrieben: »Du bist wichtig!« Das ist sie doch, unsere Weihnachtsbotschaft, war uns sofort klar! Du bist wichtig, und weil das so ist, wird heute Gott ein Mensch. Wenn es nicht so wäre, wieso sollte er sich die Mühe machen, um zu uns zu kommen, ein Mensch zu werden, wie jeder von uns, mit allem, was dazu gehört, Freud und Leid, Glück und Not? Weihnachten will nichts anderes sagen: Mensch, vergiss es nie, du bist für Gott das Wichtigste, was es gibt.

Sofort machten wir uns auf die Suche und wurden beim Referat für Verkehrssicherheit der Stadt München fündig. Wir bekamen ohne große Schwierigkeiten 40 solcher Vorfahrtsschilder mit Ständer ausgeliehen und schrieben in jedes Schild mit einem abwaschbaren Textmarker dieses »Du bist wichtig!« hinein. Dann stellten wir die Schilder in unserem Mittelgang in der Kirche in einer Reihe auf. Vom Eingang bis ganz vorne zur Weihnachtskrippe, wo das Jesuskind in der Krippe lag, standen sie nun wie eine Armee von Soldaten in Reih und Glied. Ihre rote Umrandung war genau die passende Farbe zur Weihnachtszeit, und meditativen Schrittes sind unsere Kirchenbesucher durch den aufgereihten Schilderwald den Weg bis zur Krippe hin entlanggegangen. Immer im Wissen: »Du bist wichtig!«

Aller guten Dinge sind drei und ich gebe zu, es ist etwas mühsam, wenn man einmal eine so gute Gestaltungsidee hatte, dies zu wiederholen. Aber auch beim dritten Mal kam uns die Idee auf der Straße. Mit Jugendlichen verbrachten wir eine Woche im Sommer auf der wunderbaren griechischen Insel Kreta. Dort sieht man am Straßenrand immer wieder diese kleinen Kapellen und Gebetshäuschen der orthodoxen Christen auf Stelen oder Holzpfählen. Die Menschen schmücken sie mit Blumen und Heiligenbildchen und stellen kleine Kerzen hinein. Irgendwann meinte einer der jungen Menschen: »So ein Häuschen würde ich mir auch gerne zu Hause aufstellen.« Und schon war die nächste Idee geboren. Über einen privaten Kontakt lernten wir einen rührigen Schlosser auf Kreta kennen, der ohne lange Überredungskünste bereit war, uns bis zum Advent 24 solcher Häuschen – ein jedes in einer anderen Form, also nichts von »der Stange« – zusammenzuschweißen. Und er hat es wirklich geschafft! Er muss sich sofort ans Werk gemacht haben und wir bekamen rechtzeitig Ende November noch vor dem 1. Advent die 24 Häuschen nach München geliefert.

Wie die Mülltonnen und die Verkehrsschilder standen sie nun in einer Reihe hintereinander im Mittelgang und jeden Tag im Advent wurde eines nach dem anderen ganz besonders gestaltet. Es wurden richtige Themenhäuschen, die die Jugendlichen voller Elan und mit viel Phantasie ausstatteten. Sie stellten z. B. Bilder von ihren Verstorbenen darin auf, legten noch deren Rosenkranz oder Brille hinein, und erleuchteten das Häuschen mit kleinen Batterielämpchen. Tag für Tag kam ein geschmücktes Häuschen mehr hinzu, jedes ganz individuell anders eingerichtet. Was entstand, war ein richtiger Lichterweg nach vorne hin zur Krippe, der dann am Heiligen Abend allen den Weg zum Jesuskind zeigte.

Für mich sind solche Ideen, die man gemeinsam entdeckt und umsetzt, die schönste und die ausdrucksreichste Verkündigung, die es gibt. Wenn so etwas möglich ist, braucht man sich als Pfarrer keine großen Gedanken mehr zu machen, was man an Weihnachten den Leuten erzählen könnte. Der geschmückte Baum ist dann nebensächlich.

18. Dezember

Nachts auf dem Petersberg

Fährt man das Inntal auf bayerischer Seite entlang in Richtung Innsbruck, dann erblickt man in Höhe Brannenburg rechts oben auf dem sogenannten »Petersbergerl« eine kleine weiße Kirche. Der Aufstieg dorthin ist Teil des Wanderweges zur weiter hinten gelegenen Hohen Asten, einem schönen Aussichtsberg mit einem gemütlichen Wirtshaus und einem herrlichen Blick hinunter ins Inntal und hinüber zum Samerberg Gebirge. Würde man von hier aus weiterwandern, könnte man bis zum benachbarten Wendelstein oder Brünnstein gelangen, aber das sind dann schon anstrengendere Touren. Die erste Station aber wäre immer der Petersberg. Der Weg zu ihm zweigt einmal kurz von der Wanderroute zur Hohen Asten nach links ab und in wenigen Minuten steht man auf diesem vorgelagerten Platz über dem Inntal und sieht ein wunderschönes idyllisches Kirchlein, das dem Heiligen Apostel Petrus geweiht ist. Und daneben ein einladendes, gemütliches Wirtshaus. Die Legende erzählt nämlich – daher auch der Name dieses Ortes –, dass einst der Apostel Petrus und der Teufel ein Wettrennen auf diesen Berg gemacht hätten. Der Petersberg ist zwar nicht sehr hoch, aber der heraufführende Forstweg ist ziemlich steil und erfordert doch etwas Kondition. Im Winter aber, wenn es gut geschneit hat, geht jeder Einheimische hier nur mit einem Schlitten hinauf, um dann damit am Ende des Tages und in der Dunkelheit mit einer Stirnlampe hinunter zu brausen. Das ist nicht nur für Kinder ein Heidenspaß, sondern auch für jung gebliebene Erwachsene. Dennoch ist natürlich auch höchste Vorsicht geboten, weil rechts und links vom Fahrtweg eine sehr steile Böschung in den Wald hinein abfällt. Ob Petrus und der Teufel im Winter und mit oder ohne Schlitten hier heraufkamen, sagt die Legende nicht, jedoch ist es ihr wichtig zu betonen, dass keiner von beiden dieses Wettrennen gewonnen hat. Sie kamen beide gleichzeitig oben an und so konnte keiner den ausgemachten Gewinn dieses Rennens, nämlich als Sieger die Bergspitze für sich in Besitz zu nehmen, beanspruchen. Was man vielleicht von einem leibhaftigen Teufel nicht erwartet hätte, passierte dann aber: Beide einigten sich gütlich, sodass die Bergspitze seitdem ihnen beiden gehört. Zu Ehren des Heiligen Petrus wurde eine Kirche errichtet. Das Wirtshaus war der Wunsch des Teufels.

Das ist die Legende und bis heute ist der Petersberg mit seinen 848 Metern Höhe für unzählige Besucher vor allem aus dem Rosenheimer Land, aber auch für viele Münchner und Touristen ein begehrtes Wanderziel, im Sommer wie im Winter. Wieder einmal lernen wir, wozu Menschen

Legenden verfassen. Es werden wunderschöne Bilder erschaffen, die eine Tatsache in eine bildhaft vorstellbare Geschichte fassen. Hier geht es einfach nur um die Idee, an so einem exponierten Ort wie dieser Bergspitze eine Kirche und ein Wirtshaus zu errichten. Der Weg hierher ist steinig und ohne Zufahrtsberechtigung kommt man nicht herauf. Wer sich da etwas schwer tut mit dem Gehwerk oder der Kondition, wird es leider nicht schaffen. Die Belohnung aber dafür, dass man all die Strapazen auf sich genommen und sich den steilen Weg heraufgequält hat – was einen auch sogleich verstehen lässt, warum hier der Teufel mit im Spiel ist –, ist unglaublich. Es ist wirklich ein Ort der Stille und Ruhe einerseits, die Kirche lädt ein zum Gebet und zur persönlichen Andacht, genauso wie das Wirtshaus nebenan den Besucher geradezu magisch hineinzieht – der Teufel eben. Dort können die Menschen ausgelassen und freudig feiern und miteinander anstoßen. Wenn sie dann spät abends im Winter und nach viel Speis und Trank ihre Schlitten besteigen und mit eingeschaltetem Licht wieder ins Tal hinabsausen, kennt das Johlen und Juchzen kein Ende mehr. Gebet und Lebensfreude, innere Einkehr und ausgelassene Lebenslust, Stille und Stammtischpalaver, all das muss sich eben nicht ausschließen. Im Gegenteil, sie sind wie zwei Geschwister und gehören untrennbar zusammen. Wer das einmal erlebt hat, hat die Bedeutung dieses Ortes für immer und ewig verstanden.

Während meiner Zeit als Kaplan in Rosenheim hatte ich natürlich mehrmals Gelegenheit, diesen berühmten Bergstock zu erklimmen und beide, Kirche und Wirtshaus, aufzusuchen. Einer der winterlichen Aufstiege mit halsbrecherischer Abfahrt per Schlitten jedoch wird mir unvergessen bleiben: Mein Vorgesetzter und Stadtpfarrer in Rosenheim hatte mich gebeten, ihn zu vertreten und, obwohl es so kurz vor Weihnachten war, noch am selben Abend den Petersberg hinaufzulaufen, um dort in der Kirche für eine kleine Geburtstagsgesellschaft aus seinem privaten Umfeld einen Dankgottesdienst zu feiern. Natürlich wäre ich auch zur anschließenden Feier im Wirtshaus eingeladen und könnte dann ja mit einem Schlitten, den ich freilich selbst mit hinaufziehen müsste, zu meinem Auto auf dem Parkplatz am Fuß des Petersberges zurückrauschen.

Selbstverständlich habe ich diese Einladung sofort angenommen. Was für eine willkommene Unterbrechung meines sonst doch sehr durchorganisierten Alltags. Meine Arbeit als Priester und Seelsorger war auch damals schon sehr abwechslungsreich, trotzdem sind solche Ablenkungen, die mal was ganz anderes sind, sehr hilfreich, auch mal rauszukommen und seinen Kopf frei zu kriegen. Auch wollte ich diesmal ganz alleine losziehen und nahm deshalb keine Jugendlichen mit wie sonst, als Begleitung. Ich empfand es als ein ganz besonderes Momentum, jetzt so kurz vor Weihnachten, abends in Ruhe und Stille auf diesen heiligen Berg zu wandern. Schnell war alles gepackt, was ich für die Messe brauchte, der Schlitten war griffbereit und die Kufen geölt und schon konnte es losgehen. Nach etwa 20 Minuten hatte ich den Parkplatz erreicht und es waren bereits etliche Autos abgestellt, die mit Sicherheit den anwesenden Gästen der Festgesellschaft gehörten. Ich richtete mich zusammen, schnallte mir meinen Rucksack um, nahm meinen Schlitten und schritt hurtig drauf los. Nach wenigen Metern vom Parkplatz entfernt, begann bereits der steile Anstieg, den ich überhaupt nicht fürchtete. Ich kannte ihn ja und war ihn schon mehrmals gegangen. Nur dieses Mal war alles etwas anders. Ich glaube, es waren keine 10 Meter, die ich hinter mich brachte, und schon lag ich urplötzlich mitten auf dem Weg. Es ist mir anfangs gar nicht aufgefallen und keine Sekunde hatte ich diese Möglichkeit auch nur im Entferntesten in Erwägung gezogen, aber es tat sich eine für mich völlig ungeahnte Situation auf. Da lag ich also auf dem Weg, ganz allein – niemand war da weit und breit –, betastete den Boden um mich herum und spürte, dass alles vereist war. Es war pures Glatteis, der Weg war nicht gestreut worden, es war spiegelglatt wie auf einer Schlittschuhbahn. »Wie bitte soll ich da heute hinaufkommen?«, war mein erster Gedanke. Natürlich hatte ich keine Spikes an den Schuhen, nicht einmal Ski- oder Wanderstecken hatte ich dabei. Ich musste ja meinen Schlitten hinter mir herziehen, da war keine Hand mehr frei. Und sollte ich wirklich alleine im Dunkeln später auf diesem Eis überhaupt heil mit dem Schlitten herunterkommen? Die Messe absagen ging nun auch nicht mehr, wie denn auch? Wir sprechen über Zeiten noch ohne Handy und WhatsApp! Nach Hause fahren und eine bessere Ausrüstung holen, ging sich auch zeitlich nicht mehr aus. Normalerweise ist man in gut 30 Minuten auf dem Berg oben und der Gottesdienst sollte in etwa einer Stunde beginnen. Jetzt war wirklich guter Rat teuer oder doch wenigstens gewünscht. Keine Hilfe war weit und breit zu sehen, es kam kein Traktor vorbei, der rein zufällig da hochfuhr, ich war mutterseelenallein.

Nachdem ich mich mühsam aufgerappelt hatte und wirklich merkte, dass ich auf diesem vereisten Weg keinen Zentimeter schaffen würde mit meinem Gehwerk, traf ich zwei wichtige Entscheidungen. Meinen Schlitten ließ ich im Gebüsch stehen. Es wäre sowieso viel zu gefährlich, damit später herunterzufahren und jetzt so kurz vor Weihnachten wollte ich auch nicht fahrlässig eine Verletzung riskieren. Für den weiteren Aufstieg beschloss ich, etwas abseits des eigentlichen Weges zu gehen, immer ganz am Rand, fast schon in den Gebüschen, wo es mehr Schnee hatte und weniger vereiste Fläche. Ich hielt mich an allem fest, was irgendwie Halt bot, und hangelte mich – manchmal sogar auf allen vieren – auf dem Boden Meter für Meter nach oben. Einmal, als ich wieder wie der Herr Jesus unter dem Kreuz zusammengebrochen auf Händen und Füßen dahinschlich, fiel mir eine Filmszene mit dem unvergessenen Don-Camillo-Darsteller Fernandel ein, wie er – vom Bischof strafversetzt – bei Schnee und Eis seine neue, heruntergekommene Gemeinde in den Bergen erklimmt. Es war zum Erbarmen, wie er litt und fror und absolut aussichtslos dahinkroch. Das Kreuz mit dem Jesus, der ja sonst immer mit ihm sprach, aber nunmehr schwieg, hatte er extra aus seiner geliebten Gemeinde geholt und schleppte es nun auf seinem Rücken den Berg hinauf, weil er hoffte, mit diesem Kreuz in seiner Nähe würde er alle Nöte überstehen.

Nun, ganz so schlimm erging es mir nicht. Ich fror nicht, im Gegenteil, es wurde mir warm und heiß vor Anstrengung und schnell hatte ich die Taktik heraus, wie ich mich den Berg hochhangeln könnte. Ich wollte unbedingt pünktlich oben sein und keinerlei Schwäche zugeben. Im Film mit Don Camillo beklagt sich der originelle Priester bei Jesus, warum er denn nicht mehr mit ihm gesprochen hätte, worauf der ihm plötzlich wieder antwortet und meint: »Hab' ich doch! Du hast mir nur nicht zugehört, weil du so mit dir selbst beschäftigt warst!« Da verstand Don Camillo, dass diese Auszeit in seiner Enklave weit weg von seiner Lieblingsgemeinde seine Chance auf einen Neuanfang sein kann. Meter für Meter, als ich damals diesen Berg so mühsam und allein bestieg, spürte auch ich immer deutlicher, was für ein besonderer Moment das für mich ist. Immer intensiver lauschte ich in die Stille dieser weihnachtlichen Winternacht hinein, hörte nur mein eigenes Atmen und mein Stapfen im Schnee am Wegrand. Kein einziger Laut kam dazwischen. Unendlich viele Gedanken und Bilder streiften durch meinen Kopf. Aber ich spürte weder Enttäuschung, Anstrengung oder Schmerz, schon gar nicht Wut oder Frustration. Alles wirkte plötzlich so stimmig und irgendwie harmonisch.

Dann kam die Weggabelung nach links zum Petersberg. Jetzt waren es nur noch ein paar Schritte bis zum Plateau und ich würde es geschafft haben. Mit einem tiefen inneren, ungeheuren Glücksgefühl stand ich kurz darauf vor der Kirche auf der einen und dem Wirtshaus auf der anderen Seite. Zu meinem Erstaunen war es völlig ruhig, ich hörte keinen Laut, auch nicht aus dem Wirtshaus. Sollte ich mich vielleicht noch im Tag geirrt haben und völlig umsonst hier herauf gequält haben? »Und wenn schon«, dachte ich mir, »dieser Weg und diese ungeahnte Erfahrung, die ich heute gemacht habe, sind für mich wie ein Geschenk.« Aus einer Situation der größten Not ist eine ganze Armada von Glücksgefühlen geworden. Nie wollte ich diesen Aufstieg missen. Sollte ich mich halt geirrt haben. Ich bin jetzt da, bete da in der Kirche mein Vaterunser, geh dann ins Wirtshaus und trinke ein schönes Bier und irgendwie, und wenn es sein muss auf dem Hosenboden, käme ich da schon wieder runter.

Vollkommen erschöpft und zufrieden zugleich betrat ich die kleine Kirche und traute meinen Augen nicht. Alles war hergerichtet für Heilige Messe, die Kerzen brannten, alle Festgäste waren in den Kirchenbänken versammelt, drehten sich um und die Hauptperson – ein Flugkapitän, der hier oben heute mit all seinen Freunden seinen 50. Geburtstag feierte – stand auf, begrüßte mich herzlich und fragte nur: »Darf ich vielleicht ministrieren?«

Dieser Aufstieg, die dankbaren Menschen in der Kirche und danach im Wirtshaus, die sich so freuten, dass ich wirklich gekommen bin, das gemeinsame Essen und Feiern, die Musik und das Singen, die Stille der Nacht und die alles erfüllende weihnachtliche Ruhe beim Hinabsteigen, all das machte aus diesem Vorweihnachtsabend meinen eigenen ganz persönlichen Heiligen Abend. Es war wie ein Gruß aus der Weihnachtsküche nur für mich ganz allein, meine ganz private Christmette und Weihnachtsfeier. Sie hat mich für immer gelehrt, dass eben im Leben nicht alles, was so aussichtslos daherkommt auch gleich so sein muss. Der liebe Gott weiß immer einen Trampelpfad für unser Leben, auf dem wir ihn finden können. Weder Petrus noch der Teufel haben das Wettrennen hier auf den Petersberg gewonnen. Es ist immer die Liebe und das Vertrauen, die am Ende über allem stehen.

19. Dezember

Frau Richter geht heim

Die letzten Tage und Stunden vor dem Heiligen Abend sind immer etwas Besonderes. Allen Handgriffen, Besorgungen, Erledigungen, Vorbereitungen oder was auch immer noch anfällt und gemacht werden muss, haftet irgendwie der Geruch von etwas Besonderem an. Es ist genauso, wie wenn man jeden Moment einen Besuch erwartet, der zur Tür hereinkommt, die Glocke wird gleich schellen und dann ist er da. Alles ist auf diesen Moment ausgerichtet und alles erhält seinen ganz eigenen Zauber davon. Wie von einem Lichtstrahl ist jede Kleinigkeit angestrahlt und erhält so seine ganz eigene zusätzliche Würde und Bedeutung. Dinge, die man das ganz Jahr über macht, erledigt man in den letzten Stunden vor dem Kommen des Herrn in einer noch feierlicheren und würdevolleren Weise.

Die Bitte, die mich dann erreichte, erhalte ich übers Jahr viele Male, aber heute Abend war eben kurz vor Heilig Abend. Das Krankenhaus rief an, ob ich es möglich machen könnte, heute noch zu einer sehr alten Dame zu kommen, die in den nächsten Stunden versterben würde. Ohne zu

zögern, machte ich mich auf den Weg. Solche Anfragen machen mir immer erst so richtig bewusst, was meinen Priesterberuf ausmacht: Immer zur Verfügung stehen, immer bereit sein, wenn Menschen mich brauchen. Ich bringe nichts mit außer die Nähe Christi. Gerade bei der Krankensalbung bzw. der letzten Ölung bei einem Sterbenden wird diese Nähe unvergleichlich spürbar. Sofort lasse ich alles stehen und liegen und mache mich auf den Weg. Da ist nichts, was jetzt wichtiger wäre. Die wichtigsten Utensilien für eine solche Salbung sind stets griffbereit zur Hand, das Heilige Krankenöl, die Stola und ein kleines Gebetsbüchlein. Ich schwang mich aufs Fahrrad und in wenigen Minuten erreichte ich das Krankenhaus. Gleich im Eingang stand der geschmückte Christbaum und sofort fing mich wieder dieses besondere Vorweihnachtsgefühl kurz vorm Heiligen Abend ein.

Schnurstracks steuerte ich die Station und das Zimmer an, das mir am Telefon genannt wurde, und gab der Stationsschwester Bescheid, dass ich jetzt bei dem Patienten sei für die Krankensalbung. Ich klopfte vorsichtig an der Tür und wusste nicht, was ich dahinter gleich erleben würde, ob Angehörige da oder ich mit der Patientin allein sein werde, ob diese ansprechbar sein würde oder bereits komatös, ob ich die nächste halbe Stunde allein für diesen Kranken beten würde oder ob wir gemeinsam beten könnten, ob noch andere Patienten mit im Zimmer sein würden oder ob es ein reines Sterbezimmer wäre ... Alle Bilder und Möglichkeiten schossen mir durch den Kopf und andauernd spürte ich dieses alles verwandelnde

Weihnachtsgefühl in mir. Nein, es war alles andere als ein ganz normaler Tag. Dass dem wirklich so war, würde ich wenigen Minuten erfahren.

Ich trete in das Krankenzimmer ein, es ist groß, hell und aufgeräumt, nicht abschreckend, aber auch nicht zwingend einladend, wie halt ein Krankenzimmer so ist. Nur ein Bett steht darin und in dem liegt – halb abgedeckt, weil es sehr warm ist im Raum – eine sehr alte, zierliche, aber nicht abgemagerte Frau. Sie hat die Augen geschlossen. Ich berühre ihre Hände und stelle mich laut vor, sage ihr, dass ich der Pfarrer bin und ich ihr jetzt das Sakrament der Krankensalbung spenden werde. In dem Moment macht sie ihre Augen langsam auf, schaut mich lange an, während ich ihre Hand festhalte, schaut mich immer konzentrierter und noch fester an und plötzlich beginnt sie zu lächeln. Ich lächle sie auch an und krame nach dem Zettel in meiner Tasche, auf dem ich alles notiert habe am Telefon, Stations- und Zimmernummer und vor allem ihren Namen. »Richter« lese ich da. Richter, Richter, Richter, immer wieder lasse ich den Namen wie eine Kugel in einem Spielautomaten durch mein Gedächtnis hüpfen. Dabei schaue ich die alte Dame an, die mich jetzt noch breiter anlächelt als vorher. Sie hat kein Gebiss mehr im Mund, aber ihre Gesichtskonturen kommen mir irgendwie bekannt vor, und dann noch der Name dazu ... Ich meine plötzlich, ich müsste sie kennen. Ein ganz tiefes Gefühl beschleicht mich, dass ich da vor einem Menschen stehe, der mir nicht unbekannt sein kann. Noch einmal lasse ich den Namen durch meinen

Kopf rauschen, wie wenn man an einem Computer eine Suchanfrage startet, und plötzlich, wie ein helles Licht, das aus ihren Augen kommend mein Herz erreicht, weiß ich, was da gerade passiert. Diese alte Dame, die sich gerade anschickt, die Welt zu verlassen, hager und dünn, mit Blutergüssen an den Händen von den vielen Spritzen und an eine Infusionsflasche angehängt, mit ihren zierlichen dünnen Beinen auf der zu einer Rolle zusammengelegten Bettdecke, diese milde lächelnde alte Dame ist keine Geringere als meine hochbetagte Religionslehrerin aus meiner Grundschulzeit! Vor einem halben Jahrhundert hat sie mich in meiner Heimatpfarrei im Kommunionunterricht auf meine Erstkommunion vorbereitet. Sie war ein ganz kleines Persönchen, immer schon zierlich, ja schon fast zerbrechlich wirkend, aber mit einer festen Stimme, einer gehörigen Portion Autorität und natürlicher Stärke, die uns allen Respekt einflößte. Nein, wir hatten als Kinder keine Angst vor ihr, aber wir wussten, was sie von uns wollte: Aufmerksamkeit und Ehrfurcht vor dem Heiligen. Sie war dabei theologisch bereits sehr modern, lehrte uns ganz im Geiste des Konzils, offen und nach vorne gerichtet, immer den Mahlcharakter der Eucharistie im Blick und das alles ganz handfest. Im Kommunionunterricht hat sie uns einfach einmal nur Brot essen lassen. Schweigend saßen wir im Kreis und haben zum ersten Mal erlebt, welch eine feierliche Ruhe entsteht, wenn Menschen ohne zu sprechen und sich zu unterhalten miteinander Brot essen, Brot, das sie zuvor untereinander geteilt haben. Niemals im Leben werde ich das vergessen.

Viele Jahre später, ich war schon einige Zeit Pfarrer in Heilig Geist in München am Viktualienmarkt, fiel mir immer montags eine kleine zierliche Frau auf, die vormittags zur Heiligen Messe kam. Bei der Kommunionausteilung habe ich sie dann wiedererkannt: Es war meine Religionslehrerin, Frau Richter! Voller Freude ging ich einmal nach der Messe auf sie zu, begrüßte sie und sagte ihr, wie mich das ehrt, dass sie aus einem ganz anderen Stadtteil Münchens extra zu mir hierher in meine Messe kommt. »Zu dir?«, sagte sie und schaute mich fragend an. »Ich komme doch nicht wegen dir! Ich komme wegen Jesus! Wir haben nur montags keinen Gottesdienst in unserer Pfarrei, da dachte ich, gehe ich nach Heilig Geist! Zu dir? Sag mal, hast du gar nichts gelernt bei mir im Unterricht?« Da war sie wieder, die gestrenge, aber doch durch und durch gütige Lehrerin. Sie musste sich nie verstellen, war geradeheraus, ehrlich und offen, direkt und klar verständlich, aber nie verletzend.

»Frau Richter«, spreche ich sie jetzt im Krankenhaus an, »aber heute bin *ich* nur *wegen Ihnen* da!« Sie lächelt mich an und ich sehe eine kleine Träne ihre Wange herablaufen. Durch und durch gerührt von dieser Begegnung, die auch unsere letzte sein wird nach so vielen Jahrzehnten, lege ich ihr meine Hand auf den Kopf und beginne laut und deutlich zu beten, damit sie alles gut mithören kann. Dann salbe ich sie mit dem Heiligen Krankenöl, zuerst auf der Stirn, dann beide Handinnenflächen. Ich mache ihr mit dem Öl ein Kreuz auf die Stirn und sage, so wie ich es immer tue: »Durch diese heilige Salbung helfe dir der

Herr in seinem reichen Erbarmen, er stehe dir bei mit der Kraft des Heiligen Geistes«. Und beim Salben der Hände ebenfalls in Kreuzesform heißt es dann: »Christus, der dich von den Sünden befreit, rette dich, in seiner Gnade richte er dich wieder auf!« Ich falte ihre Hände zusammen und sie führt sie an ihr Gesicht, sie holt tief Luft und riecht den wunderbaren Geruch nach Zimt und Olivenöl.

Bei Frau Richter habe ich es damals lernen dürfen, wieso das Krankenöl genau diese Duftnote hat: Weil der Messias kommt und dann werden die Flüsse Milch und Honig führen, schreibt der Prophet Jeremia. Deshalb gibt's ja auch die Lebkuchen und Plätzchen an Weihnachten, weil da Milch und Honig drin sind. Es ist himmlisches Brot, das uns den Messias, den Heiland spüren lässt. Der sitzt jetzt gerade an diesem Krankenbett bei meiner alten Religionslehrerin, die mir das alles beigebracht hat, und führt sie bald zu sich nach Hause. Frau Richter lächelt immer noch. Wir beten ein Vaterunser miteinander, noch einmal segne ich sie ganz feierlich. Dann schließt sie wieder ihre Augen. Ich weiß, was das bedeutet: dass ich gleich wieder gehen darf. Aber ich kann die ganze Bedeutung von all dem, was da gerade passiert, gar nicht beschreiben. Ich habe alles so gemacht, wie sie es uns Kindern vor über fünf Jahrzehnten selbst beigebracht hatte. Was Krankensalbung bedeutet, warum wir auf Jesus vertrauen können und ganz besonders beim Sterben mit ihm rechnen sollen, das hat sie uns alles erzählt. Nie hätte ich es mir ausdenken können, dass ich das dann Jahrzehnte später bei ihr selber einmal tun werde. Das Wort »Dankbarkeit« haucht sie mir noch leise zu, »alles ist Dankbarkeit«, sagt sie leise, als ich sie nochmals segne. Dann verabschiede ich mich von ihr, und danke auch ihr nochmals für alles, was sie uns im Leben geschenkt, getan und vor allem vorgelebt hat. Und ich sage ihr, was für ein ganz besonderer Moment das jetzt für mich ist. Es ist immer ein besonderer Moment, wenn man einen Menschen verlässt, von dem man weiß, dass man ihn nie mehr wiedersehen wird, aber dieser Abschied ist unvergleichlich gewesen.

Draußen vor der Tür standen einige junge Ärzte und Pfleger, die gerade eintreten wollten, um nach Frau Richter zu sehen. Sie erkannten an meiner Stola, die ich noch umhatte, dass ich der Priester bin. Ich musste es ihnen sofort erzählen, wem ich da gerade die letzte Ölung gespendet habe und wie mich das jetzt berührt hat. Sie lächelten mich alle freundlich an und ein junger Arzt sagte nur zu mir: »Es ist Weihnachten, Herr Pfarrer, wundert Sie das, dass da solche Dinge passieren? Heute schließt sich eben der Kreis des Lebens, oder nicht?«

20. Dezember

Die »Ärbgsuche«

Eine alljährliche Herausforderung in meiner Pfarrei ist das Krippenspiel mit Herbergssuche in der Kinder- und Familienchristmette am Heiligen Abend. Das will stets gut einstudiert werden, man braucht die richtigen Kinder dafür, die auch etwas textsicher sind und vor allem auch gerne vor vielen Leuten spielen wollen. Dann kommen noch der Kinderchor und die Musiker hinzu, die das Stück an ganz bestimmten Stellen mit ihrem Gesang und ihrer Musik begleiten. Es ist sehr ratsam, früh mit den Proben zu beginnen, denn die Erfahrung zeigt, dass sich auf den letzten Metern gegen Weihnachten immer schwerer Probentermine finden lassen. Nicht nur die Eltern, auch deren Kinder, kennen so etwas wie Weihnachtsstress. Vorher aber muss erst mal ein geeignetes Stück gefunden oder sogar selbst geschrieben werden. Da gibt es eine kleine wunderbare Geschichte, die mich immer schon begeistert, seit ich sie zum ersten Mal gehört habe. Sie hat es mir angetan, weil sie so unglaublich anders und doch so weihnachtlich ist. Leider habe ich es bis heute nicht geschafft, sie mit unseren Kindern einmal in unserer Kirche an Heiligabend aufzuführen. Aber was nicht ist, kann ja noch werden.

Die Geschichte habe ich damals beim Autofahren im Radio gehört. Sie ist wirklich passiert und die Mutter eines der Kinder, die beteiligt waren, hat sie so wunderbar herzlich und mitfühlend wiedergegeben. Weil sie mir so gar nicht aus dem Kopf wollte, habe ich sie sofort zu Hause aus dem Gedächtnis aufgeschrieben und will sie hier teilen:

In einer kleinen Stadt wollte die Lehrerin der zweiten Klasse Volksschule zu Weihnachten mit den Kindern ein Krippenspiel aufführen. Damit alle mitmachen können, hatte sie dem Spiel so viele Rollen hinzugefügt, dass man sogar noch aus der Nachbarklasse ein paar Engerl brauchte. Diese sollten – nach Maria und Josefs vergeblicher Herbergssuche – dann alle im Stall um die Krippe herumschwirren, damit die Maria, vom Publikum unbemerkt, die Babypuppe unter ihrem Mantel hervorholen und in die Krippe legen könnte. Natürlich wollten gleich mehrere Mädchen Maria sein. Die Lehrerin gab die begehrte Rolle einer kleinen Sabine. Und der Peter, der so schön Hochdeutsch sprach, durfte der Josef sein. Auch Hirten- und Engelrollen fanden noch reißenden Absatz. Die drei Weisen aus dem Morgenland sollten dann als Abschlussbild an die Wand projiziert werden.

Nur die Rolle des hartherzigen Wirtes, der Maria und Josef mit rüden, harten Worten von seiner Türschwelle jagt, den wollte niemand spielen. Welches Kind wollte schon die Eltern des Jesuskindes von der eigenen Türe fortjagen? Nun aber gab es seit Herbst in dieser Klasse auch den kleinen Abdullah. Er kam von weit her und sprach nur wenig Deutsch. Er wusste auch gar nicht, was da eigentlich auf ihn zukam. Das seltsame, dialektal ausgesprochene Wort »Ärbgsuche« verstand er überhaupt nicht. So nahm er, ohne groß zu überlegen, die Rolle des bösen Wirtes gerne an, denn er war froh, dass er überhaupt mitmachen durfte. Ein bisschen genierte sich Abdullah aber schon, weil seine Eltern nicht so eifrig mitwerkeln konnten wie die meisten anderen, vor allem die Mütter. Da wuchsen Engelflügel und weißgoldene Gewänder, ein knorriger Wanderstock für Peter, den Josef, war da, Sabine, die Maria, bekam ein blaues Gewand mit einem weiten Mantel, unter dem sie die Babypuppe verstecken konnte.

Hartherzige Wirte sind ja angeblich dick. Also musste sich Abdullah ein Kissen vor den Bauch binden lassen. Von seinem Vater durfte er nach langem Bitten und Betteln eine alte Weste mitnehmen, die noch von ganz zu Hause, von woher sie geflüchtet waren, stammte. Das bunt gebänderte Stück, das Abdullah fast bis zu den Knien reichte, gefiel der Lehrerin sehr, worüber sich Abdullah natürlich riesig freute. Die wenigen Textzeilen, die er zu lernen hatte, sagte er nahezu Tag und Nacht vor sich hin, sodass er bei den Proben seine Rolle bald ganz ausgezeichnet ausfüllte.

Dann kam der große Tag: Die Aufführung! Die Aufregung der Kinder wuchs ins schiere Unermessliche. Eltern,

Geschwister, Tanten, Onkel, Omas und Opas, alle waren gekommen, saßen auf ihren Klappsesseln und unbequemen Bänken im Turnsaal, bestaunten die Holzlatten um die leere Krippe, die den Stall andeuteten, und ein Stück rechts davon die tapezierten Bananenkisten, die das Haus bildeten, aus dem der Wirt Abdullah dann herauskommen sollte. Die Kinder hatten ihre Kostüme angezogen, die Musik erklang, das heiß ersehnte Spiel konnte beginnen.

Sabine, die Maria, die Puppe gut unterm Mantel versteckt und an den Bauch gepresst, geht mit gesenktem Köpfchen neben Peter, ihrem Josef, den weiten Weg von Nazareth nach Bethlehem. Die beiden beklagen ihr schweres Schicksal, einen Platz für die Nacht zu finden, steht doch vielleicht bald die Geburt des Jesuskindes bevor. Sie klopfen endlich beim Wirtshaus an und Abdullah öffnet die Türe:

»Was wollt ihr? Ich habe keinen Platz für euch«, sagt der Wirt Abdullah.

Josef aber hält dagegen: »Aber sieh doch, wie es um sie steht!« und zeigt auf Maria.

Und Maria ergänzt gleich hinterdrein: »Bitte lass uns doch ein!«

»Äh?«, sagt plötzlich Abdullah nach einer Weile der Stille, »äh?«, noch einmal und zögert.

Und dann passiert das schier Unglaubliche, Unerwartete, Unvorstellbare, das plötzlich alle Schranken durchbrach und alle Mauern der Ablehnung einstürzen ließ. Entgegen dem so sicher gelernten Spieltext und ganz anders als in allen Proben vorher, ruft der Wirt Abdullah, und das überhaupt nicht zerknirscht oder verzweifelt, plötzlich, als ob er gerade etwas ganz Großes gefunden oder entdeckt hätte, mit fester Stimme und dem ganzen Brustton seiner eigenen Überzeugung aus:

»Ja! Stimmt, ihr seid ja wirklich arm dran! Dann kommt! Kommt doch herein, wir finden schon einen Platz für euch!«

Und er winkt den beiden, damit sie in sein Haus eintreten. Maria und Josef kannten sich nicht mehr aus. Das war nicht so im Text. So geht die Geschichte doch nicht, dachten sie sich und starrten nur noch Abdullah fragend an. Was macht der denn da? Der verändert ja alles! So ist es doch gar nicht passiert!

Auch die Lehrerin muss sich zuerst von einem kurzen Schock erholen und beginnt dann leise, aber eindringlich den richtigen Text in Richtung von Abdullah hin zu flüstern: »›Fort von hier!‹ Du musst sagen: ›Fort von hier!‹«

Abdullah aber reagiert überhaupt nicht. Er schaut nur unverwandt auf Maria und Josef und winkt sie nochmals zu sich ins Haus aus tapezierten Bananenkisten. Immer mehr Leute geben irgendwelche hastigen Anweisungen von mehreren Seiten, weil sie wieder Ordnung in das Spiel hineinbringen wollen. Abdullah aber kann die ganze Aufregung jetzt überhaupt nicht verstehen. Die Kinder jedenfalls wissen nicht mehr weiter, Maria kämpft mit den Tränen und die Lehrerin springt auf die Bühne, um wirksam einzugreifen. Schließlich führt die Lehrerin das heilige

Paar selber wortlos zum Stall, ruft die Englein für das Schlussbild und hält nebenbei noch ein paar aufgeregte Leute davon ab, sich Abdullah zu schnappen und zu belehren, was er da mit seiner Aktion für ein Chaos angerichtet hat, und dass er diese beiden doch nicht einfach so in sein Haus aufnehmen könne.

Bei Musik, etlichen »Pst-pst«-Ermahnungen und den drei projizierten Weisen aus dem Morgenland, die auch zum Stall in Bethlehem kommen, kehrt wieder so etwas wie Ruhe im Saal ein. Abdullah aber ist davongeschlichen und hat sich neben seinen Vater gesetzt. Der legt ihm seinen Arm um die Schulter und drückt ihn fest an sich. »Ich konnte die beiden doch nicht wegschicken!« flüstert er fast verzweifelt zu seinem Vater hinüber. Der aber lächelt ihn nur an und sagt leise zu ihm: »Ich bin sehr stolz auf dich, mein Sohn.«

Wenn es doch unter uns so Erlebnisse gäbe, bei denen wir uns gegenseitig sagen könnten, wie stolz wir aufeinander sind. Dann wäre Weihnachten wirklich gekommen. So eine echt geschehene Geschichte kann man natürlich schwer »nachbauen« und selbst aufführen. Aber sie gefällt mir einfach so wahnsinnig gut! Vielleicht schaffe ich es ja doch noch, dieses Geschehnis zu einem etwas anderen Krippenspiel aufzuschreiben, um es auch bei mir in der Kirche aufzuführen.

21. Dezember

Weihnachten verwandelt alles – das Wohnzimmer putzt sich heraus

In den letzten Tagen vor dem großen Fest bleibt nichts so, wie es ist. Alles, aber wirklich alles bereitet sich jetzt auf das Kommen des Herrn vor. Selbst oder gerade die Wohnung wird auf Hochglanz gebracht. Nicht, dass es sonst bei uns zu Hause unordentlich gewesen wäre oder gar schmutzig. Ganz im Gegenteil, meine Mutter als Hausfrau – und das war im Vergleich zu heute ein ungeheurer Luxus, dass sie immer zu Hause war und für alles gesorgt hat – hätte nie irgendwas vernachlässigt im Haushalt. Alles war tipptopp geputzt und gewaschen, aufgeräumt und saisontypisch geschmückt.

Geschmückt, das ist das Stichwort, jetzt in den letzten Tagen des Advents ging es an den Weihnachtsschmuck in der Wohnung. »Das Christkind kommt zu uns in die Wohnung, da müssen wir alles ganz sauber herrichten!«, hat uns die Mutter erklärt und uns dazu angetrieben, zumindest unser

Kinderzimmer aufzuräumen. Aber es ging ihr auch genau darum, dass wir begreifen, dass das Jesuskind *zu uns nach Hause* kommt. Die Weihnacht war die ersten christlichen Jahrhunderte ohnehin ein reines Hausfest, erst viel später wurde sie in den Kirchen gefeiert, nämlich dann, als sich die Christen nicht mehr aus Angst vor Verfolgung verstecken mussten. Und ein Hausfest ist sie bis heute geblieben. So auch bei uns damals. Die ganze Familie kam zusammen, man aß miteinander das einfache Hirtenmahl am Heiligen Abend – Würstel mit Kraut –, alles wird sauber aufgeräumt und abgewaschen und dann erst wird der große Gast in der Bescherung empfangen. Aber natürlich war auch das ein Ritual der besonderen Art, denn bereits Tage vorher war das Wohnzimmer in unserer relativ kleinen Wohnung sozusagen konfisziert für den zu erwartenden Besuch. Für uns Kinder war es damit gesperrt, eine Zone, die nicht mehr betreten werden durfte. Da wir nur einen Fernseher in diesem Wohnzimmer hatten, hieß das natürlich auch kein TV mehr, bis der Heiland da gewesen ist!

Dabei ging es nicht um mögliche Geschenke, die wir Kinder nicht vorm Heiligen Abend sehen sollten. Zum einen waren es ohnehin nicht viele Geschenke, die wir bekamen. Der moderne Warenaustausch an diesem besonderen Abend hatte bei uns grundsätzlich keine Chance. Vielmehr ging es um den Raum selbst, um den Ort, an dem sich die Weihnacht bei uns zu Hause abspielen sollte, er selbst wurde zur Bühne, zum Erlebnisraum, zum Stall von Bethlehem und das in einer Schlichtheit und Einfachheit, die ihren eigenen Zauber besaß. Erst am Heiligen Abend wurde er feierlich eröffnet. Durch die Milchglasscheibe der Wohnzimmertüre war schon matt das Licht des Christbaums zu sehen, bis uns die kleine Glocke, die das Singen der Engel darstellte, hereinrief. Plötzlich war ein uns so vertrauter Ort wie unser Wohnzimmer zum himmlischen Palast geworden. Der schlichte Baum – eine einfache kleine Fichte auf einem Tischchen –, die Geschenke auf dem Sofa liebevoll hindrapiert, der begehrte Plätzchenteller auf dem Wohnzimmertisch und die Weihnachtsmusik aus dem Radio, alles hat uns in diesem Moment verzaubert.

Aber auch der schönste Raum lebt von seiner Liturgie und der Hohepriester dafür war mein Vater selbst. Dieser gestrenge Mann, der alles andere als emotional oder empathisch im Alltag war – unsere religiösen Bezüge erlangten wir eigentlich nur bei unserer Mutter –, spielte in diesem Moment die Hauptrolle. Denn hier in diesem messianisch verwandelten Ort durften wir Kinder alles anders und irgendwie himmlisch erleben. Wenn mein Vater zur Eröffnung des Heiligen Abend das Weihnachtsevangelium vorlas, erkannte ich plötzlich einen Hohepriester in ihm. Es war eine unglaubliche Erfahrung, ihn als einen betenden Menschen leibhaftig zu erleben. In keinem Moment meines Lebens hatte ich so viel Ehrfurcht vor ihm wie in diesem. Der Duft im Raum war erfüllt vom süßen Gebäck auf dem Plätzchenteller, vom Kinderpunsch und dem Wachs der brennenden Kerzen am Christbaum. Zu seinen Füßen stand die altehrwürdige Krippe, die meine Mutter selbst in den Bombennächten des Krieges noch hatte retten können.

Aber der Mittelpunkt war ohne Zweifel der mit unglaublich viel Sorgfalt geschmückte Christbaum. Den Begriff Weihnachtsbaum hat es in unserem Sprachgebrauch nicht gegeben. Es geht nämlich beim Christbaum nicht um eine Dekoration. Für so gläubige Menschen wie meine Eltern war er ein sprechendes Symbol und so wurde er auch angesehen und behandelt, bis er nach Mariä Lichtmess entsorgt wurde. Meine Eltern besaßen sie noch, diese uralte Kunst, Sinn-Bilder zu lesen und haben immer versucht, diese an uns weiterzugeben. Alle diese Bilder sollten im Gebrauch sein, gegenständlich, leibhaft und in lebhafter Frische. Sie sollten sich in unser Herz einprägen und darin für immer wohnen bleiben in nie verblassender Frische, damit wir sie später einmal wie aus einer geheimnisvollen Schatztruhe auspacken konnten.

Der Christbaum war daher echt, lebendig und niemals eine Attrappe, sozusagen nur fürs Auge. Immer wieder erzählte uns unsere Mutter, wie bei ihr daheim sogar in Kriegszeiten der Christbaum mit den wenigen guten Sachen, die die Familie in diesen schweren Zeiten der Not hatte ergattern können, behängt wurde, köstlich zum Ansehen, aber auch wirklich zum Essen. Am Dreikönigstag durften die Kinder den Baum dann regelrecht plündern und seine Früchte ernten, all die Dinge zum Essen und Spielen, Äpfel und Lebkuchen, echte Nüsse, mandelbestückte Figuren und Männchen, Reiter und Wickelkinder, süße Brezel, Kringel, Herzen, Blumen und Sterne aus hellem Zucker. Und über allem schwebte das glitzernde Engelshaar, das das Spielzeug an den Zweigen zärtlich umgab, die Puppen, den Nussknacker, den Hasen, die Trompete und das Schaukelpferd.

Außerdem musste es vor allem ein Zusammenspiel sein von beiden: von Christbaum und Krippe. Wie zwei Stimmen, die ein Lied singen, verkündeten sie bei uns zu Hause dieselbe Botschaft. Am Christbaum verkündeten die Lichter der Kerzen das Licht der Welt. Die roten Kugeln standen für den neuen Paradiesapfel, der einst verboten, jetzt aber in Hülle und Fülle uns zur Speise angeboten wird, weil doch der Heiland da ist. Kleine weiße Rosen aus Stoff verwiesen auf das Röslein aus der Wurzel Jesse, das mitten im kalten Winter erblüht. Und glitzernde Scheiben aus Zucker deuteten das Abendmahlsbrot an, das uns in Bethlehem, dem Haus des Brotes mit dem Jesuskind geschenkt wird. Jeder Christbaum verweist so auf die biblischen Lebensbäume aus dem Buch der Apokalypse, die am Lebenswasser wurzeln und zwölf Mal im Jahr Frucht tragen, überreich und mannigfaltig und an deren Blätter alle Menschen gesunden. Anfang und Ende sind in einem solchen Baum vereint, vom ersten Paradies bis in den neuen Himmel und die neue Erde, wo alle Not gestillt und jede Sehnsucht erfüllt sein wird. Die Bescherung, die in unmittelbarer Nähe zu diesem Baum stattfand, deutete genau darauf hin.

Darunter stand die Krippe, die in ihrer eigenen Tonlage von derselben Botschaft sang. In diesem Stall beginnt das neue Paradies, denn hier schläft der neue Adam in der Krippe! Das Jesuskind ist die süßeste, die heiligste und vollkommenste Frucht dieses Baumes über ihm. Es ist vom Himmel gekommen und doch aus der Erde, aus Maria geboren. Darum sind Maria und Josef direkt bei ihm: »O Heiland aus der Erde spring!«, hatten wir im Advent so oft gesungen. All die Sterne am Christbaum wölbten sich über der Krippe und der große Stern auf der Baumspitze zeigte den Weisen aus dem Osten bereits den Weg. Auch die Tiere an der Krippe durften nicht fehlen, denn alle Kreatur soll sich um diesen neuen Adam scharen. Den Abschluss bildete der Stein an der Krippe, der älteste Zeuge der Geburt Gottes. Er ist ein echter Zeitzeuge dafür, als das Gloria der Engel hier auf Erden erklang.

Beides, Christbaum und Krippe, bildeten den Mittelpunkt in diesem kleinen Stück Himmelreich. Unsere Wünsche sollten erfüllt werden, und zwar in der Form der Überraschung. Alles hatte sich gelohnt, das Warten an der Tür, die Geheimniskrämerei davor, bis das helle Licht, als die Tür aufging, uns in den Raum hineinzog. Was kein Auge gesehen, kein Ohr gehört, was alles Verlangen übertrifft: in diesem kleinen Wohnzimmer wurde es plötzlich Wirklichkeit. Und nichts konnte in all den Jahren die Ausdruckskraft verwässern, die ich in dieser Botschaft gelernt habe. Kein vorweihnachtlicher Werberummel in Straßen und Läden oder unselige Weihnachtsbaumversteigerungen in Vereinsheimen. Selbst wenn der eigene Kindheitszauber einmal vergeht, der Christbaum in unseren Herzen bleibt für immer bestehen. Er setzt etwas gegenwärtig, was immer bleibt, denn er bringt mit, was er bedeutet. Solche echten Bräuche sind lebendige Weisheit und ein unübersehbarer Abdruck in der Tiefe unserer Seele. Sie erstrahlen als ein unerschöpfliches Zeichen unseres Glaubens, das uns Schöpfung, Erlösung und die kommende Herrlichkeit in einem vor Augen stellt.

22. Dezember

Vom Frauentragen

Adventliche Bräuche sind nicht einfach bloß Zugaben für eine liebevolle Zeit. Sie sind die tragenden Bausteine, die es überhaupt erst möglich machen, dass das absolut Unglaubliche – nämlich dass Gott im Kind von Bethlehem Mensch wird und wie das alles geschieht, mitten unter uns – in unserer Lebenswelt stattfindet. Da kann es eigentlich kein Detail zu viel geben, das uns helfen kann, mitzufühlen und zu erleben, wie nah uns unser Herrgott gerade kommt. Ein wunderschöner Brauch ist das altehrwürdige Frauentragen. Ich mag es vor allem deshalb, weil dabei unterschiedlichste Menschen, wie in einem Losverfahren, zusammengebracht werden, die sich vielleicht noch gar nicht kennen. So wie Gott in unsere Welt kommt und wir ihm zuerst wie einem Fremden begegnen. Außerdem ist das Frauentragen für eine Pfarrgemeinde auch eine Möglichkeit, auf diese Art und Weise Netzwerke zu schaffen, einander näherzukommen und neue Verbindungen herzustellen.

Es läuft so ab: Vom ersten Adventsonntag an ist in einer Gemeinde eine schlichte Muttergottesfigur unterwegs. Jeden Abend wird sie weitergegeben und bleibt einen Tag in einem neuen Haus. Am Abend wird sie abermals in eine neue Familie weitergegeben. Die Idee dahinter ist ganz einfach: Es wird symbolisiert, dass Maria und Josef auf dem langen Weg nach Bethlehem sind, wo 24 Tage später das Jesuskind geboren werden wird. Auf dem Weg müssen sie immer wieder Station machen, müssen Unterschlupf und einen Platz für die Nacht suchen. Anders als in Bethlehem damals, wo kein Platz für sie war, wollen wir beim Frauentragen das von Anfang an anders machen, wir wollen Platz machen bei uns zu Hause und uns freuen, dass sie überhaupt bei uns anklopft und jetzt da ist. Jede Nacht und jeden Tag für 24 Stunden ist die Heilige Familie woanders untergebracht, wird freundlich empfangen und umsorgt, um dann zum nächsten Quartier zu gelangen.

In vielen Gemeinden ist dieser wunderbare Brauch leider sehr zurückgegangen. Nur mehr wenige Familien beteiligen sich daran und man sucht händeringend nach neuen Herbergen. Als Kinder erlebten wir das noch ganz anders. Bereits im Herbst ging die Liste umher, in die man sich eintragen konnte, ob und wann man wieder beim Frauentragen mit dabei war. Sehr bald waren alle Tage voll besetzt. Dabei ging – und geht es nach wie vor – nicht einfach nur um eine fromme Geste, einmal schnell die Figur übergeben und fertig. Im Mittelpunkt stand vor allem der gegenseitige Besuch, das Einkehren bei anderen Menschen. Es wurde eine Uhrzeit vereinbart, wann gegen Abend man die Muttergottes denn vorbeibringen könnte. An der Tür der neuen Gäste angekommen, bat man höflich um Aufnahme für diese Nacht, wurde hereingebeten und hat die Madonna an einem besonderen, extra dafür hergerichteten Platz abgestellt. Dann sang man vielleicht ein Marienlied, Kerzen wurden angezündet, ein Gebet gesprochen und dann, ja dann ging man eben nicht gleich wieder nach Hause, nein, man war jetzt selbst eingeladen in diesem Haus, wo man vielleicht noch nie vorher war! Es gab Tee oder Punsch, Gebäck oder gleich eine Brotzeit, man lernte sich kennen und konnte – was vor allem die Erwachsenen immer interessierte – die Einrichtung begutachten und sehen, wie die anderen so ausgestattet waren. Manchmal sind sogar echte und tiefe Freundschaften aus solchen Besuchen entstanden. Einige haben darauf geachtet, sich im nächsten Jahr abzusprechen, sodass sie auch ja wieder schön hintereinander an der Reihe waren mit dem Besuch. Am nächsten Tag wurde die Madonna dann weitergetragen, bis die letzte Familie sie am Heiligen Abend zur Frühmesse in die Kirche zurückbrachte. Wir als Kinder waren jedenfalls immer mächtig aufgeregt vor diesem Besuch und freuten uns vor allem dann, wenn wir in Familien kamen, bei denen es gemütlich war. Es entstand so ein richtiges Vorweihnachtsgefühl und ein kleiner Heiliger Abend auf Probe, wenn plötzlich fremde Menschen bei uns einkehrten und wir miteinander innehielten und uns gemeinsam auf Weihnachten vorbereiteten. Und wir waren die Guten! Anders als damals haben wir uns nicht verweigert, wir haben Platz gemacht für die Muttergottes und ihr Kind und würden es immer wieder tun.

23. Dezember

Die Krippe ist noch leer

Normalerweise sind es Kinder, die sich in den Tagen vor Weihnachten durch ihre Ungeduld auszeichnen. Es geht ja auch um viel. Die ganze Umgebung ist dabei sich zu verändern. Auf den Straßen und in den Geschäften leuchtet überall die Weihnachtsdekoration und festliche Musik hinterlegt alle Räume. Zu Hause wird alles geschmückt, in manchen Wohnungen kann man abends beim Vorbeigehen sehen, dass schon Tage vor Weihnachten ein Christbaum als Lichtspender dient. Das Fernsehprogramm wird immer weihnachtlicher. Weihnachtsshows, -filme und -spendenaktionen laufen schon den ganzen Advent über in Dauerschleife. Überhaupt wird die Atmosphäre einfach immer weihnachtlicher. Die Menschen werden nachsichtiger, liebevoller, man grüßt und verabschiedet sich mit einem »Frohe Weihnachten«, steckt sich kleine Aufmerksamkeiten zu, die Müllmänner und der Postbote bekommen ein extra Trinkgeld und alles wirkt ruhiger, aufgeräumter, vollendet halt. Einen Verkündigungsauftrag, der mit dem Heiligen Abend eigentlich erst beginnen sollte, besitzen solche »Frühstarter« aber leider nicht.

Und dann drängt sich manchmal der Gedanke auf, dass für viele Leute Weihnachten an Weihnachten aufhört, anstatt dass es überhaupt erst anfängt. Die Christkindlmärkte schließen am Heiligen Abend mittags und das war's dann. Danach fahren die Menschen entweder in den Skiurlaub bei ausreichender Schneelage oder gehen in Stadt, Geschenke umtauschen. Weihnachten ist gelaufen. Wenn jemand Geburtstag hat, vermeiden wir tunlichst, ihm vor seinem großen Tag zu gratulieren. Nicht so an Weihnachten. Da beginnt die Party schon Wochen davor und endet prompt und unmittelbar am Festtag. Dabei ist Weihnachten ja ein orientalisches Fest und dort, im Orient, wurden und werden Feste und Hochzeiten immer mindestens eine Woche lang gefeiert – und zwar nach hinten. Regelrecht verschuldet wird sich da, um das auch finanzieren zu können. Aus diesem orientalischen Empfinden heraus ist unsere kirchliche Weihnachtsoktav entstanden, wenn wir das Fest ganze acht Tage lang feiern, vom 1. Weihnachtsfeiertag bis zum Neujahrstag am 1. Januar.

Da soll es einen also nicht wundern, wenn Kinder das Gefühl haben, Weihnachten beginnt gar nicht erst am Heiligen Abend, sondern schon viel früher. Aber es ist durchaus eine pädagogische Kunst, unseren Kindern den Unterschied nahezubringen zwischen dem sich langsamen Annähern an ein großes Geheimnis und einer vorgezogenen Party, die viel zu früh endet, zu abrupt und auf diese Weise eigentlich aus der Zeit fällt, anstatt unsere Zeit und unsere Welt zu erfüllen. Unsere wunderbaren adventlichen Bräuche sind gerade deswegen da, um dieses langsame Herantasten für unsere Kinder möglich zu machen. Die Heiligen nehmen sie bei der Hand und einer nach dem anderen gesellt sich zu ihnen dazu, bis wir alle zusammen mit ihnen um die Krippe mit dem Jesuskind in Bethlehem herumstehen. Selbst die Nachzügler aus dem Orient, die Heiligen drei Könige kommen noch dazu. In dieser Zeit haben wir als Kinder von klein auf gelernt, warten zu können. Advent bedeutet ja übersetzt nichts anderes als Erwartung.

Die Zeit einteilen zu können, ist lebenswichtig für einen Sportler, der eine lange Laufstrecke wie einen Marathon vor sich hat. Zu früh loszurennen kann bedeuten, kurz vor dem Ziel aufgeben zu müssen, weil die Kräfte dann doch fehlen. Wenn Leute sagen, sie seien ja so froh, wenn Weihnachten endlich geschafft ist, dann haben wir es mit klassischen Fehlstartern zu tun. Wer aber seine Kräfte klug einteilt, hat in jedem Moment irgendwie das Gefühl, genau jetzt den wichtigsten Moment zu erleben und nicht zu kurz zu kommen. Wir hatten zu Hause das große Glück, dass die Zeit mit Beginn des Advents wachsen und reifen durfte und zwar regelrecht ritualisiert. Alles entwickelte sich in kleinen Schritten und passierte dann, wenn es Zeit dafür war und nie sofort, plötzlich und alles auf einmal. Es war, wie es beim Prediger Kohelet im Alten Testament schon aufgeschrieben steht: Alles hat seine Zeit und Stunde. Es gibt für alles eine Zeit, fürs Lachen und Weinen, für die Trauer und die Freude, fürs Arbeiten und Feiern und vieles, vieles mehr. Es gibt für alles eine Ordnung: Plätzchenbacken am Anfang, damit sie Zeit zum Reifen hatten bis Weihnachten; danach Wunschzettelschreiben, damit das Christkind wiederum Zeit hatte, diese zu erfüllen. Dazwischen galt es, sich mental auf den Nikolaus vorzubereiten, die Barbarazweige abzuschneiden und in die Vase zu stellen und immer näher an Weihnachten folgten die praktischen Arbeiten wie Aufräumen und Putzen. Auch als Kind ist man in dieser Zeit also eigentlich gut organisiert. Da sollte es eigentlich nicht passieren, dass man den Start ins Fest irrtümlicherweise vorzieht.

Doch was tun, wenn es nicht mehr nur um unsere Kinder geht, wenn es erwachsene Personen, gar Senioren sind, deren Ungeduld einen aus dem Nichts heraus konfrontiert? So geschehen am Tag vor Heilig Abend vor einigen Jahren. Ich war in der Kirche mit letzten Handgriffen beschäftigt in der Vorbereitung auf den folgenden Tag. Die Krippenspielkinder würden heute noch ihre Generalprobe abhalten, am Christbaum waren noch ein paar Lichterketten zu reparieren und auch in unserer großen Krippe in der Kirche, die den ganzen Altarraum ausfüllt, mussten einige Kleinigkeiten arrangiert und ausgebessert werden. Die Hirten saßen bereits alle an ihrem Lagerfeuer und oben brachten sich die Engel in Position, um ihnen die Geburt des Heilands zu verkünden. Ganz hinten sattelten die Heiligen drei Könige ihre Kamele, Pferde und Elefanten – übrigens auch die Tiere sichtbare Vertreter der damals bekannten drei Kontinente – und brechen auf zum Stall mit dem Kind. Damit wird die große Völkerwallfahrt zum

Berg Zion – wie sie schon der Prophet Jesaja verheißt – nun Wirklichkeit. Nur dass aus dem Tempelberg eine einfache Höhle auf einem Hirtenfeld vor einer kleinen Siedlung namens Bethlehem zum Zentrum und Ankunftsort Gottes in dieser Welt wurde.

Dieser für Weihnachten wichtigste und zentrale Platz, der Stall, der bedurfte jetzt der genauen Vorbereitung. Bislang war er nur leer, unbeleuchtet und ein Esel kauerte darin. Jetzt aber biegen schon Maria und Josef um die Ecke und alles muss gerichtet sein: Die Krippe mit dem frischen Stroh, das Heu in der Ecke für Ochs und Esel, ein paar Tücher für die Windeln und natürlich der Lichtspot von oben direkt auf die Krippe, der dann in der Christnacht zusammen mit dem Christbaum eingeschaltet wird, während der jüngste Ministrant feierlich das Kind in die Krippe hineinlegt. Das muss alles richtig und auf den Punkt funktionieren und wollte daher sorgsam vorbereitet sein.

Während ich da also so still und leise für mich in der Krippe kniete und alle notwendigen Arbeiten verrichtete, stand plötzlich eine Gruppe von Seniorinnen hinter mir an der Kommunionbank. Wir grüßten uns freundlich und plötzlich fragt eine der Damen etwas entrüstet: »Ja, wo ist denn das Kind? Da fehlt doch das Wichtigste, oder?« Ohne lange zu überlegen, wie ich die nette ältere Dame nun geduldig aufklären konnte, oder ob das Sinn macht, sich diese Mühe zu geben, oder ob ich überhaupt darauf eingehen sollte, antwortete ich wie aus der Pistole geschossen: »Ich habe noch nie etwas in der Bibel gelesen, dass das damals eine Frühgeburt gewesen war, mit dem Jesus meine ich!« Es entstand eine längere Pause, eine Stille, die nicht so ganz definierbar war. Im Moment wusste ich selber nicht, ob das jetzt zu forsch, zu direkt oder gar zu frech gewesen war, wie ich da antwortete. Vielleicht hatte ich die Damen mit so einem Spruch auch nur überfordert? Es blieb mir nichts anderes übrig als zu warten, was da kommen würde. Innerlich stellte ich mich bereits auf längere Diskussionen und Auseinandersetzungen ein im Sinne von: »Sie sind schon der Herr Pfarrer, oder? Also, Sie haben einen Ton drauf! Sind Sie immer so mürrisch?«

Endlich unterbrachen die Damen diese lähmende Stille und brachen fast wie auf Befehl in ein gemeinsames Lachen aus. Sie hatten wohl mit jeder Antwort gerechnet, aber nicht mit dieser: »Es war doch keine Frühgeburt!« Das wär's doch gewesen, wenn der Evangelist Lukas auch noch eine Frühgeburt hätte beschreiben müssen. Nun, wundern müsste man sich nicht, wenn eine hochschwangere Frau stundenlang zu Fuß unterwegs ist oder auf einem Esel hin und her geschaukelt wird … »Dann muss ich jetzt aber noch schleunigst zu Hause unser Jesuskindlein aus der Krippe nehmen!«, meinte eine der Damen aus dem Kreis zu allen anderen und lachte weiter. Ich erzählte ihnen dann, dass es bei uns zu Hause immer eine solche Krippenlegung gab und abwechselnd mal mein Bruder und im nächsten Jahr ich wieder, das kleine Jesuskindlein – aus Holz geschnitzt – in die Krippe in den Futtertrog legen durften, immer während unser Vater das Evangelium der Geburt Jesu vortrug. Weihnachtsliturgie ist immer zuerst Hausliturgie, so hatten wir es gelernt und für einen Moment wurden aus unseren Lebensräumen der gemeinsamen Wohnung eine Kathedrale der Liebe und der Zuneigung. Auch heute werde ich nicht müde, dies vor allem den jungen Familien ans Herz zu legen: »Habt keine Angst davor, an Weihnachten mit euren Kindern all das Geschehene nachzuspielen!« Ihr macht euch dabei nicht lächerlich, ihr seid nicht kindisch. Alles hat seine Zeit und seine Stunde, aber vieles von dem, was ihr mit euren kleinen Kindern an Ritualen einübt, wird bleiben und sich fortsetzen, wenn diese wieder ihre Kinder in das Geheimnis der Weihnacht einführen dürfen.

An diesem Weihnachtsfest war es aber vor allem dieses herzhafte Lachen dieser älteren Damen auf meine Antwort hin, das mich so berührte. Wie oft meinen wir, dass der Stall und die Krippe nur ein ernster, stiller Raum wären, wo man sich ja nicht rühren und bewegen darf. Im Gegenteil: Hier ist die Freude zu Hause, denn der Erlöser ist uns geboren. Wenn das befreite Lachen und die Freude einen Ursprung hat, dann wohl die erste Heilige Nacht, damals in Bethlehem. Genau zur rechten Zeit.

24. Dezember

Das wahre Hochamt und die liebe Tante Anni

Es war ihre liebevolle Einfachheit, ihre unaufgeregte Bescheidenheit und ihr wunderschön klingender niederbayerischer Dialekt, der mich mit jedem ihrer Worte an meine Wurzeln im bayerischen Wald erinnerte: Tante Anni war unvergleichlich. Immer wenn sie zu sprechen begann, fühlte ich mich in eine schlichte Bauernstube eines Einödhofes nahe der Grenze zum Böhmerwald versetzt. Gemütlich, einfaches Essen und gute Gesellschaft. Dabei war Tante Anni gar keine direkte Verwandte zu mir. Aber über die berühmten fünf Ecken dann doch wieder. Und als eine von meiner Mutter hoch geschätzte Angehörige haben wir Kinder sie dann kurzerhand zu unserer »Tante« erklärt. Mit ihrem Mann hatte Tante Anni ein kleines Häuschen im Inntal gebaut, ein kleines Nest der Geborgenheit und ein Ort des Rückzugs und Krafttankens. Beruflich stand sie ganz woanders an der Front und arbeitete im Service in einem großen Münchner Wirtshaus im Bahnhofsviertel. Jedes Mal, wenn wir sie mit unserer Mutter besuchten und sie uns auf eine Limonade im Wirtshaus einlud, fühlten wir uns wie in

der großen weiten Welt. Gleichzeitig war sie ein so liebevoller, einfacher, schlichter und freundlicher Mensch – man musste sie einfach gernhaben.

Nach dem überraschenden Tod ihres Mannes hatte Tante Anni unerwartet großes Glück, denn sie hatte bald einen neuen Mann an ihrer Seite, der sie über alles liebte. Hans war bei der Bundesbahn und unglaublich galant. Als Schlafwagenschaffner versorgte er die Reisenden, war gelernter Kellner und hatte das perfekte Gespür für gute Manieren. Seine Anni trug er auf Händen, war ihr liebender Begleiter in einem solchen Maße, wie es sich Ehefrauen nur wünschen können. Wenn wir Gäste bei ihnen auf dem Land waren, haben wir die Freundlichkeit dieser beiden Menschen immer in vollen Zügen genossen.

Dann erkrankte Anni an Krebs. Mutig nahm sie den Kampf gegen die Krankheit auf, stemmte sich mit allen Mitteln dagegen, ließ nie ihren Mut sinken und verlor zu keinem Zeitpunkt ihre mitreißende Fröhlichkeit. Kein Geschwür der Welt konnte ihre Positivität vernichten. Dabei half ihr Hans, der immer für sie da war, Tag und Nacht. Als mein Vater starb, nahm sie noch an der Trauerfeier in meiner Kirche in München teil, dabei war sie selbst bereits stark von der Krebskrankheit gezeichnet. Aber an diesem Tag machte sie die Aussichtslosigkeit ihres Leidens kein einziges Mal zum Thema. Mit ihrer ganz eigenen Art, die Dinge einfach und unkompliziert auszudrücken, nahm sie mich damals kurz beiseite und flüsterte mir nur kurz zu, dass ich auf alle Fälle auch ihre Beisetzung abhalten müsse.

Ein paar Wochen später, es war Anfang November, rief mich Hans an und bat mich, der lieben Anni doch jetzt die Krankensalbung zu spenden. Ihr Zustand werde immer kritischer. Sofort fuhr ich zu den beiden nach Hause und setzte mich zur ihr ans Krankenbett. Hans war mittlerweile der perfekte Hauskrankenpfleger geworden. Bis auf ein paar wenige pflegerische Handgriffe hatte er alles für sie gemacht, für die Wäsche gesorgt, gekocht, Anni gefüttert, sie gewaschen und eingecremt, nichts war ihm fremd. Mit der ganzen Eleganz, den ihn sein Beruf gelehrt hatte, bei dem er Menschen diente, war er ihr ganz persönlicher Diener, 24 Stunden am Tag, alle Tage der Woche.

»Schau mich an«, sagte plötzlich diese einfache Frau, die mich schon als Baby im Arm hielt und jetzt vor ihrem Priester saß, der ihr die letzten Sakramente spenden sollte, »ich glaub', mein ganzer Körper läuft aus!« Darauf wusste ich nun wirklich nichts zu sagen, hab nur ihre Hand genommen und leise geweint. Da lag sie, kraftlos und schwach, sie, die Bedienung aus der Bahnhofswirtschaft, die es mit jedem Betrunkenen und unbequemen Gast aufnehmen konnte. Sie war so stark, alle haben sie respektiert und auf sie gehört. Jetzt konnte man zusehen, wie die letzte Kraft ihren Körper verließ.

Nach einer Weile habe ich mich noch mal von ihr verabschiedet. Ich wusste, dass ich sie wohl gerade das letzte

Mal gesehen hatte, und fuhr dann schweigend und leise weinend nach Hause. Ihr Leiden zog sich noch lange hin, bis zum Weihnachtsfest. Immer wieder rief ich in dieser Adventszeit Hans an, wollte wissen, wie es Anni geht, ob sie Schmerzen habe und wie es ihm bei der Pflege geht. Hans hat nie geklagt, obwohl seine Arbeit immer umfangreicher, oft auch unangenehmer wurde. Bis zu vier- oder sogar fünfmal am Tag musste er ihr Bett abziehen und sie waschen, aber es war ihm nie zu viel. Viel enttäuschter klang seine Stimme, als er mir sagen musste: »Die kriegst halt heuer keine Plätzchen von der Anni!« Annis Plätzchen waren legendär und schon als Kinder pickten wir sie auf dem weihnachtlichen Plätzchenteller mit Vorliebe heraus.

Dann kam der Heilige Abend. Alles war gerichtet und ich wusste, dass ich in einer Stunde in einer voll besetzten Kirche mit einer herrlichen Musik und allen liturgischen Registern, die man so ziehen kann, eine festliche, nächtliche Christmette feiern würde. Der ganze Glanz der Weihnacht würde da einmal mehr in meiner Kirche erstrahlen und für jeden erlebbar sein. Ein Hochamt, das seinesgleichen sucht, würde gleich stattfinden. Und genau dieser Gedanke ließ mich noch einmal meinen »Onkel« Hans anrufen. Ich stellte mir vor, wie er so wie in jeder Nacht neben Annis Krankenbett wachen wird und alle Handgriffe für sie erledigen wird, sie streichelt und beruhigt, weihnachtliche Musik vorspielt und ihr immer dazwischen ein bisschen zu trinken gibt. Sofort war Hans am Telefon, meldete sich so aufgeräumt und freundlich wie immer und wunderte sich etwas über meinen Anruf. »Musst du nicht Christmette halten?«, fragte er mich gleich. Ich überlegte ein wenig, wie ich ihm sagen könnte, was gerade in meinem Herzen vorging. Schließlich fing ich einfach an: »Weißt du, Hans, ich bin ganz sicher, dass es der Anni mit dir immer gut geht, weil du alles für sie machst. Aber schau, ich gehe jetzt gleich in die Kirche rüber. Da warten Hunderte von Menschen, damit wir das feierlichste Hochamt des Jahres miteinander feiern mit allem notwendigem Pomp und der ganzen Pracht, die zu Weihnachten gehört. Aber bevor ich jetzt da hinübergehe, wollte ich dir nur sagen, dass das viel größere und wichtigere Hochamt bei euch zu Hause, da wo du jetzt bist, am Krankenbett der Tante Anni stattfindet. In dieser Nacht bist du der eigentliche Priester, nicht ich!« Ich hörte Hans am Telefon einmal tief durchatmen und nach einer kurzen Stille sagte er nur: »Danke dir. Denk an uns und bete für uns.« Kurze Pause und dann: »Du, ich glaub, die Anni braucht mich wieder. Frohe Weihnachten!« Dann legten wir gemeinsam auf.

Ich habe wie gewohnt ein festliches Weihnachtshochamt absolviert, alle waren berührt und begeistert, haben Weihnachten mit Inbrunst gefeiert. Aber in jedem Augenblick in diesem Hochamt waren meine Gedanken bei einem anderen Hochamt, 60 Kilometer entfernt in einer einfachen, aber sehr gepflegten Krankenstube. Am Stephanitag, zwei Tage später ist unsere Anni von ihrem Leiden erlöst worden. Das letzte Hochamt hat ihr ihr Hans noch halten können.

Zwei Jahre später haben wir gemeinsam eine wunderbare Tanne aus ihrem Garten gefällt und in unserer Kirche als den wohl schönsten Christbaum aller Zeiten aufgestellt. Als die Anni noch in ihrem Krankenbett lag, hat sie immer auf diesen Baum hinausgeschaut, ihn bewundert und bestaunt und mir das bei meinen Besuchen bei ihr immer voller Stolz mitgegeben: Dieser schöne Baum wäre so ein wunderbarer Christbaum! Wir haben die Motorsäge angesetzt, ganz langsam hat sich der wuchtige Baum gesenkt und ist zu Boden gegangen. Noch im Fallen flatterte ganz plötzlich ein Vogel aus der Baumspitze heraus und flog hoch hinauf in den Himmel. Schweigend haben Hans und ich ihm nachgeschaut. Wir wussten genau, was das jetzt bedeutet. Anni ist zu Hause.

25. Dezember

Wenn Weihnachten auf einen Freitag fällt …

Ganz kurz vor Beginn der Christmette klingelt noch einmal mein Telefon, in wenigen Minuten beginnt der Einzug in die voll besetzte, aber dunkle und nur von Kerzenlicht ein wenig ausgeleuchtete Kirche. Der gesamte Ministrantendienst hat schon Aufstellung genommen, reichlich Weihrauch füllt den riesigen Kirchenraum aus und kündigt den Gläubigen an, dass es jeden Moment beginnen wird. Ich nehme trotzdem mein Telefonat an und winke meinen Ministranten, noch kurz zu warten, bis sie die Einzugsglocke anläuten und damit auch dem Organisten das Startsignal geben. Am Telefon höre ich nur eine weinende Stimme, verstehe ganz schlecht ein paar Brocken, höre etwas von Autounfall, kann aber überhaupt keinen Bezug herstellen. Vergeblich versuche ich, daraus schlau zu werden, muss aber wieder auflegen. Ich schalte das Handy auf stumm und gebe das Signal zum feierlichen Einzug. Ab jetzt »business as usual«, eine Christmette wie sonst auch mit allen Registern, die wir katholischerseits so ziehen können und die die Menschen suchen und lieben. Wenn wir unsere Kirchen an Weih-

nachten nicht mehr vollkriegen, dann haben wir wirklich ein Problem, sage ich gerne mal. Beruhigt sehe ich, dass alle Plätze inklusive Stehplätze prall gefüllt sind. Heute geht nichts mehr schief. Denke ich.

Zwei Stunden später, es ist bereits nach Mitternacht, der nächste Tag ist angebrochen, es ist ein Freitag. Die Mette war ein voller Erfolg, zusammen mit all meinen jungen Leuten, die wie jedes Jahr zur Christmette gekommen waren, feiern wir unsere »Christmas Birthday Party« in der Kirche. Sie ist aus dem früheren Brauch des »Mettenwürste-Essens« entstanden. Es war Tradition, dass der Altardienst nach der Mette beim Pfarrer zu Hause – weit nach Mitternacht – Weißwürste bekam. Da inzwischen auch etliche ehemalige Ministranten und die, die jetzt woanders lebten oder studierten, an Weihnachten nach Hause kamen und dann natürlich wie seit klein auf zum nächtlichen Dienst in der Sakristei erschienen, wurde die Zahl der Gäste in meiner Wohnung immer größer. Einer schlug irgendwann vor, wir sollten doch einfach gleich in der Kirche bleiben. Weißwürste bräuchte es ja gar nicht, es ist eh jeder pappsatt vom Abend. Aber wir könnten eine Bar bauen, feine Musik machen und gute Getränke ausschenken und jeder, der möchte, kann noch nach der Mette in der Kirche bleiben. Die Christmas-Party war geboren und wurde zur neuen Tradition. Immer mehr Leute blieben noch und bis etwa drei Uhr früh wird meistens weiter gefeiert, was vor allem heißt: miteinander reden, sich frohe Weihnachten wünschen und austauschen, wie es einem geht. Viele, die hier schon als Kinder mit dabei waren und jetzt weit weg wohnen und zu ihren Eltern zurückkommen für diese Weihnachtstage, haben sich manchmal ein ganzes Jahr nicht mehr gesehen – seit dem letzten Weihnachten eben. Da gibt es so viel zu reden. Ich habe diese Weihnachtspartys wirklich lieben gelernt. Sie finden dort statt, wo wir eben noch andächtig und ergriffen die Geburt des Jesuskindes gefeiert haben, das Stille-Nacht-Lied gesungen haben und so manchen Menschen ergriffen und betroffen erlebt haben. Aber keiner schlägt bei der Party über die Stränge. Vielleicht ein kleines Bier oder ein Glas Sekt, ein paar mitgebrachte Plätzchen. Aber vor allem: viel Frohsinn! Auch in diesem Jahr schaue ich einen Moment ganz für mich in die Runde der feiernden Menschen in meiner Kirche, betrachte die vielen jungen Leute, die herzlich lachen, die älteren, die sich so wohl und glücklich in dieser Gemeinschaft fühlen, und die Kinder mit ihren Eltern, die zum ersten Mal dabei sind und sogar jetzt noch so spät bzw. früh aufbleiben dürfen. Alles geht gut, alle sind zufrieden und glücklich, alle fühlen mit allen Sinnen, was Weihnachten bedeutet.

Feste ohne Gründe verkommen ja bekanntlich schnell zur Orgie. Das Fest heute hat einen tiefen Grund, die Weihnachtsbotschaft. Wir haben sie eben gehört, erlebt und gefeiert: Gott will Gemeinschaft mit uns Menschen haben. Die Engel haben es uns eben noch zugerufen. Darin liegt die einzigartige Bedeutung von Weihnachten. Zum Zeichen dafür ist Jesus heute Mensch geworden und nun dürfen wir auch sagen: Daher ist auch jeder Mensch aus Gott geboren.

Überhaupt war das das große und einzige Thema dieses Jesus' von Nazareth: Gott und die Menschen. Davon hat er sein Leben lang erzählt, es hat ihn umgetrieben und dafür hat er sogar sein Leben gelassen. Gott den Menschen ganz und gar nahezubringen, frei, ohne Zwang und ohne Opfer, das war ein todeswürdiges Verbrechen zur Zeit Jesu. Die scheinbar Mächtigen – Priester wie Herrscher – wurden so um ihre hart erkämpfte Macht und ihr Ansehen gebracht. Seither aber bringen Menschen immer wieder Gott zur Welt. Nicht nur mit jedem Kind, das in unsere Welt hineingeboren wird, sondern schon bloß damit, dass sie sagen, was Gott ist und vor allem, was er nicht ist und nicht sein darf. Es ist so wichtig, kein Bild von Gott zuzulassen, das ihn fremd, uninteressant oder gar feindselig und verhasst macht. Die Menschen sollen einen Gott zur Welt bringen, indem sie selbst beginnen, den Menschen menschenwürdig zu behandeln.

Wir können auch heute Gott durch unser Vertrauen auf die Welt bringen, dass er uns Großes und Gutes zutraut. All unsere Kleinlichkeiten, unser Versagen, unsere Gemeinheiten und unsere Gewalt entspringen doch nur unseren Minderwertigkeitsgefühlen. Wie schnell könnten wir all das überwinden, wenn wir uns Weihnachten bewusst machen: Gott ist in unserer Mitte als Mensch. Mehr an Liebe geht nicht! Bringen wir doch endlich Gott zur Welt und lassen es einfach so Weihnachten werden!

Ich werde aus meinen Gedankenpalast herausgerissen, mein Telefon klingelt schon wieder. Wieder ist es die

Stimme, die kurz vor Beginn der Christmette angerufen hatte, nur diesmal verstehe ich sie besser. Sie ist gefasster, deutlicher, ruhiger, ihre Botschaft aber ist grauenhaft. Hans-Peter ist verzweifelt. Unser gemeinsamer Freund Stefan ist auf dem Nachhauseweg ins Allgäu am Heiligen Abend von einem betrunkenen Geisterfahrer regelrecht aufgespießt worden. Frontalzusammenstoß auf der Bundesstraße. Stefan saß äußerlich unverletzt, aber mit schweren inneren Verletzungen in seinem Auto, war sofort tot. Er war Sportler, ein absolut integrer Mann, ein sicherer Autofahrer, zuvorkommend und immer galant. Und: In wenigen Monaten hätte er heiraten sollen. Er hinterlässt seine junge Verlobte, seine Eltern und unendlich viele Freunde. Mitten in dieser wunderbaren Feier diese schreckliche Nachricht. Es ist weit nach ein Uhr nachts, der 1. Weihnachtsfeiertag, Freitag.

Der Heilige Thomas von Aquin soll einmal gesagt haben: »Wenn Weihnachten auf einen Freitag fällt, sollen sogar die Wände Fleisch fressen«. Das will wohl heißen, dass das übliche Fleischverbot an Freitagen ganz sicher nicht gilt, wenn der Weihnachtsfeiertag ein Freitag ist. Aber was, wenn dieser Weihnachtsfreitag, wie in diesem Moment, zum Karfreitag wird? Was bleibt dann von Weihnachten übrig?

Ich gehe ein paar Schritte zur Seite, damit ich in Ruhe mit Hans-Peter sprechen kann, versuche, ihn zu verstehen und lasse ihn seine ganze Trauer erzählen. Er und Stefan waren das genialste Duo, das ich bei der Fußball-WM 2006 in München in unserer Freiwilligenabteilung für Transport und Verkehr kennengelernt hatte und vier Wochen als meine Vorgesetzten erleben durfte. Der Tod von Stefan reißt Hans-Peter schier einen Teil seines Herzens heraus und ich spüre jede Minute am Telefon, wie mich ein lähmendes Entsetzen übermannt. Von Christmas Party, vom Fröhlichsein, gar vom Fleisch essen ist da keine Rede mehr. Wie soll man da weiterleben?

Kurz darauf will Stefans Beerdigung organisiert werden. Da er vor Jahren als Student aus der Kirche ausgetreten war, verwehrt uns der heimatliche Pfarrer auf dem Land den Zutritt zu seiner Kirche. Mit Engelszungen versuche ich, ihn noch am selben 1. Weihnachtsfeiertag am Telefon umzustimmen, erzähle von der Weihnachtsbotschaft, von der Menschwerdung Gottes in uns, die er doch auch gerade noch verkündete. Ich appelliere an sein Gewissen, an seine Menschlichkeit und erinnere an Stefans Eltern, die in seinem Ort leben und für die er doch jetzt gerade da sein müsse. Alles Betteln und Bitten bleibt vergeblich, wir dürfen nicht in die Kirche.

Dann haben wir die rettende Idee: Weil Stefan ein begeisterter Sportler war, gehen wir doch einfach in die örtliche Turnhalle! In der Mitte steht die Urne mit der Asche von Stefan und Hunderte Menschen sitzen im Kreis um ihn herum. Wir werfen uns Bälle zu und jeder, der einen auffängt, kann, wenn er will, den Ball weitergeben, oder aber auch ein Gebet sprechen oder etwas über Stefan erzählen oder nur von seinem Schmerz berichten. So sitzen wir fast zwei Stunden zusammen, hören gute Musik und haben unseren Stefan mitten unter uns. Es ist so schön, unheimlich schön, jedenfalls schöner, als in der Kirche. Dort hätten wir wohl kaum Bälle werfen können. Es ist zwei Wochen nach Weihnachten. Wieder ein Freitag.

Auf dem Weg von der Turnhalle zum Friedhof ziehen wir dann schweigend mit Stefans Urne auch am Pfarrhaus vorbei, der Weg führte dort vorbei. Ganz kurz sehe ich einen Schatten und eine Gestalt hinter dem Vorhang verschwinden. Wer auch immer es war, es ist egal. Für uns ist dieser Freitag mit unserer Feier und unserer Weihnachtsbotschaft im Herzen von der Katastrophe eines Karfreitags zu einem ganz besonderen, versöhnlichen Ehrentag geworden. Fleisch gab's keines, aber leckere Allgäuer Spätzle. Stefans Andenken bewahren wir bis heute und treffen uns jedes Jahr an Weihnachten zu seinem Gedenken in meiner Kirche zur Heiligen Messe und zum Gebet – und immer an einem Freitag.

26. Dezember

»Praxer, heit is' Stephanie!«

Es ist ein guter alter Brauch – oder sollte man besser sagen, sogar ein ungeschriebenes Gesetz, zumindest in altehrwürdigen katholischen Gegenden Bayerns –, dass an Hochfesten mit einem zweiten Feiertag wie Weihnachten, Ostern oder Pfingsten in den Gottesdiensten an diesem Tag auf die Predigt verzichtet wird. Spötter vermuten dahinter die gute Absicht, das brave Kirchenvolk solle halt einfach mal geschont werden nach so vielen Gottesdiensten hintereinander. Es ist eben unter Umständen auch etwas anstrengend für den einfachen Gottesdienstbesucher so viele Predigten und theologische Ergüsse ihres Herrn Pfarrers in so enger Abfolge hintereinander anzuhören. Zuhören ist auch eine Aufgabe, die anstrengend sein kann. Da geht es nicht nur um die persönliche Befindlichkeit. Klar, wenn ich mir nicht mehr sicher bin, ob ich auch wirklich den Herd oder das Bügeleisen abgeschaltet habe, dann ist es ohnehin mit meiner Konzentration auf die salbungsvollen Worte des Herrn Hochwürden vorbei. Da geht's nicht mehr. Nichts kann da wichtiger sein als die Frage: »Brennen Haus und Hof jetzt ab, während ich mich hier

in der Kirche dem Gebet widme, oder nicht?« Von Pfarrerseite ist es auch eine Frage der gesunden Kalkulation: »Wie viel verträgt der einzelne zuhörende Christ an Betrachtung, Ermahnung, theologischer Erklärung und Erläuterung überhaupt?« Es ist wohl der größte Fehler, der in unseren Gottesdiensten gemacht wird, dass wir unser »normales Kirchenvolk« immer gleich mit theologischen Vollprofis verwechseln, von denen wir denken, sie hätten die gleichen Vorlesungen gehört. Haben sie nicht. Es sind ganz normale Menschen in ihren alltäglichen Berufen, für die der Gottesdienstbesuch immer auch etwas anderes, Ungewohntes und mit ihrem Leben nicht gleich Vergleichbares darstellt. Das gilt vor allem für die Inhalte, die Sprache und die Botschaften. Der Prediger hat die Aufgabe, diese so umzuformulieren und herunterzubrechen, dass man sie auch in sehr deutlicher und einfacher Sprache im Hier und Jetzt verstehen kann. Fraglich ist halt nur, wie lange die persönliche Kondition das auch aushält, wie groß die Fähigkeit der Konzentration ist und ob diese vom Herrn Pfarrer sicherlich gut gemeinten Worte noch die Lebenswirklichkeit des Zuhörers treffen können. Wie dem auch sei, vielleicht geht's ja an diesen zweiten Feiertagen auch nur um den Pfarrer selbst, dem halt nach so vielen vorherigen Feiertagen nichts mehr einfällt. Freilich gibt einen geschickten Ausweg aus dieser Situation und der lautet »Gut kopiert, ist halb vorgetragen«. Aber was, wenn der Verkündiger selber nicht viel vom Kopierten aus einer schlauen theologischen Zeitschrift versteht? Wie soll das dann der geneigte, fromme Zuhörer schaffen? Der schlimmste Fall jedoch tritt ein, wenn sich einem die Frage stellt: »Wozu brauche ich das jetzt, was er da erzählt?« In diesem Moment ist die Messe endgültig gelesen und die Gefahr sehr groß, dass der betreffende Gläubige das nächste Mal nicht mehr kommt. Aus einem Kirchenlehrer, was ja ein jeder Pfarrer irgendwie sein soll, zumindest im Kleinen, wird so ein effektiver »Kirchenleerer«.

Kurzum: Die Regelung des »Predigtverbots« an diesen zweiten Feiertagen macht durchaus praktischen Sinn für alle Beteiligten. Betrachten wir den 2. Weihnachtsfeiertag, der ja auch das Gedächtnis des ersten Märtyrers der Christen hervorhebt – des Heiligen Stephanus – so sind diesem Gottesdienst bereits viele andere mit gewichtigen Ansprachen vorangegangen. Da waren der 4. Advent, der Heilige Abend mit seinen Christmetten am Nachmittag und in der Nacht, dem Hirtenamt am Weihnachtsmorgen und dem Königsamt, der Festmesse am Weihnachtstag vormittags. Vielleicht fand noch ein Abendgottesdienst statt, dann kämen wir schon auf sieben Ansprachen, die da gehalten werden müssen und sich natürlich auch inhaltlich unterscheiden sollen. Es geht eben nicht immer so einfach wie in dem liebevollen Witz vom Pfarrer, der sonntags doch wirklich verschlafen hat und seiner Haushälterin zuruft: »Resi, mach schnell, ich brauch ein frisches Hemd und eine alte Predigt!« Und ja: Die Wirklichkeit ist genauso gnadenlos hart!

Ich habe darum diese Regelung durchaus zu schätzen gelernt und die Predigtpause an diesem Feiertag begrüßt, wenn auch der Zusammenhang zwischen dem Märtyrertod des Heiligen Stephanus und dem Weihnachtsgeheimnis nicht von ungefähr so gewählt ist. Wir sollen – wie der Heilige – ernst machen mit dem, was wir im Stall von Bethlehem erfahren haben. Diesem Kind im Stall zu begegnen und folgen zu wollen, hat Nebenwirkungen, fordert so einiges von uns ab. Zeugnis geben ist nicht immer nur leicht. Und schon wären wir wieder mittendrin in einer guten Predigt an diesem Tag ... Zu Beginn meiner Verkündigungszeit war mir diese Predigtpause nur leider nicht bekannt. In der Großstadt hatte man darauf keine Rücksicht genommen. Dass es vor allem in ländlichen Gebieten mit noch sehr starken Traditionen solche Gebräuche gibt und diese auch konsequent gelebt werden, das musste ich auf die harte Tour lernen. Meine erste Stelle unmittelbar nach meiner Ausbildung an der Universität war auf dem Land im wunderschönen Bad Kohlgrub im Pfaffenwinkel. Damals war die ganze Gegend durch und durch ländlich und bäuerlich strukturiert und es herrschte eine ungeschriebene Rangordnung, die der Hofgröße einzelner Bauern entsprach. Nicht umsonst hat mir mein Lehrpfarrer gleich zu Beginn meiner praktischen Ausbildung bei ihm alle großen Bauernhöfe in Kohlgrub und dessen zwölf Riedschaften vorgestellt. Er hat mir erklärt, wieso ein Hofname so wichtig ist, nämlich weil die Bewohner irgendwann einmal abtreten werden, der Hof aber bleibe. Nichts ist ewig, wir lassen alles zurück. Wie viel Einsicht und Demut steckt doch hinter dieser Tradition. Auch die Größe und die Gewichtung zählten. Wer viel besitzt, muss viel leisten und hatte demnach auch höheres Ansehen in der Bevölkerung und in der Kirchengemeinde.

Als ich am Sonntag des 4. Advent 1986 in München zum Diakon geweiht wurde, habe ich mich vor allem darauf gefreut, dass ich nun echter Teil der Liturgie sein würde. Ich dürfte Wortgottesdienste feiern, Taufen und Hochzeiten abhalten, Beerdigungen durchführen, aber vor allem – und drauf freute ich mich am allermeisten – würde ich predigen. Schon in der Ausbildung war Predigen mein Lieblingsfach. Ich kann den Menschen dabei ganz nahekommen, kann Persönliches mit christlicher Lehre verknüpfen und dieses Paket lebendig und lebensnah zu den Menschen bringen. Es war nun also der 2. Weihnachtsfeiertag im Pfarrgottesdienst in Bad Kohlgrub, ich, der junge Stadtpfarrer, der nun feierlich das Evangelium vortrug, am Ende das Evangeliar weit in die Höhe hielt und es mit dem Ruf »Evangelium unseres Herrn Jesu Christi!« den Gläubigen noch einmal zeigte. »Lob sei dir, Christus!«, riefen sie feierlich zurück und ich schloss das Buch. In diesem Moment, ich wollte gerade meinen Platz verlassen, fiel mir siedend heiß ein, dass ich gar nicht wusste, wer denn jetzt heute überhaupt predigen würde. Und vor allem was! Wir hatten gar nichts vereinbart, mein Lehrpfarrer und ich, dabei taten wir das sonst immer. Vor den Festtagen bereiteten wir uns sogar gemeinsam theologisch vor und teilten die Dienste ein. Aber stimmt, für heute hatten wir nichts dergleichen gemacht. Die Leute aber hatten sich nun, was mich nicht erstaunte, denn es ist ja immer so, alle hingesetzt. »Na ja«, dachte ich mir, »alles ganz normal, wie bei mir zu Hause, die warten jetzt auf eine Predigt.« Nur da kam kein Prediger. Mein Pfarrer machte keinerlei Anstalten, den Ambo, also das Lesepult zu betreten. Ich suchte seinen Blick, er aber reagierte überhaupt nicht.

Das war jetzt eine Herausforderung für mich, der ich mich nur allzu gern stellen wollte! Bis heute liebe ich solche spontanen Momente, wo Improvisation und Einfallsreichtum gefragt sind. »Also, wenn sie schon sitzen«, dachte ich mir, »dann kriegen sie auch eine Predigt.« Man kann mich um vier Uhr nachts aufwecken, ich stelle mich hin und fange einfach zu predigen an, kein Problem. Mehr an Verkündigungstestosteron war in diesem Augenblick nicht mehr möglich. Ich war voll in meinem Element. Denen werde ich zeigen, was so ein 25-jähriger Jungspund aus der Großstadt draufhat! Eine bessere Chance, mich vor den Menschen hier im Ort zu beweisen – immerhin war ich ja erst seit drei Monaten hier und nicht alle kannten mich so gut – werde ich wohl nicht bekommen. Das wird sich herumsprechen, was da für ein neuer großartiger und leidenschaftlicher Prediger im Ort ist. Beim Metzger, beim Bäcker und im Wirtshaus, alle werden sie nach diesem Gottesdienst von mir reden. Ich sah schon die Jubelstürme vor meinem geistigen Auge, wie sie mich über die Straße hinweg grüßen und mir zuwinken würden und wusste auch schon ganz genau – wie durch göttliche Eingabe –, was ich jetzt zum heutigen Tagesheiligen und seiner Beziehung zu unserem Weihnachtsfest erzählen würde. Es war ja alles da in meinem Kopf, kam ich doch geradewegs aus der Universität, vollgestopft mit so viel Wissen.

»Meine lieben Christen!«, begann ich sogleich meine Rede und sah in die Gesichter der Frauen, Kinder und Schüler, die traditionell in den ersten Bankreihen saßen. »Heute …« Weiter bin ich nicht mehr gekommen, denn was dann passierte, damit habe ich Unwissender nicht gerechnet und konnte ich ja auch nicht. Oben auf der Empore, der sogenannten Barkirche – bei zwei Emporen ist das die erste unterhalb der Orgel- und Chorempore für den Kirchenchor –, saßen sie, die altehrwürdigen und hochdekorierten Großbauern des Ortes. Das war ihr Platz, immer etwas im verdunkelten Bereich wie in einem Separee eines Restaurants. Hier saßen nur die Bauern, keine anderen Bürger. Alle anderen, die unverheirateten und die Jungbauern nahmen unten im Kirchenschiff Platz. Hier oben hin musstest du dich erst hocharbeiten. Alle hatten sich hingesetzt nach dem Evangelium, auch die Bauern da oben, nur eben einer nicht, der »Pulver Schorsch«, das sah ich jetzt. Sein richtiger Name war Georg und neben dem Bauerndasein war er bei der Bundeswehr. Daher der Spitzname. Der »Pulver Schorsch« jedenfalls setzte sich nicht hin, er blieb stehen und fiel mir schon nach meinem ersten Wort in selbiges, rief von oben von der Barkirche, der Empore laut zu mir herunter, sodass es jeder in der voll besetzten Kirche hören konnte und musste: »Praxer, staad bist! Heit is' Stephanie!« Alle haben das verstanden und ohne irgendeinen Protest von irgendjemandem – auch mein Lehrpfarrer schwieg eisern –, ohne Gelächter oder Unmut standen alle auf, ließen mich einfach da vorne stehen und warteten auf die Fürbitten.

»Praxer« war mein Spitzname, denn als Gehilfe des Pfarrers war ich sein Praktikant, was vom griechischen »prássein« abgeleitet ist. Der Praxer im bäuerlichen Gewerbe ist außerdem ein nicht unwichtiger Mann: Er sitzt vorne auf dem Pferdefuhrwerk und kurbelt, wenn es bergab geht, die Radbremse an, damit die Last des Wagens nicht zu sehr auf die Rösser drückt und diese Gefahr laufen, durchzugehen. Ein Pferd ist ja ein Fluchttier. Der Praxer ist also angehalten, die Bremse einzulegen, sich zurückhalten, still zu halten. Exakt das war jetzt meine Lehrstunde! Jetzt habe ich still zu sein. Ich kann bis heute dieses niederschmetternde Gefühl nicht beschreiben, das mich in diesem Moment ergriffen hat. Fast wie in Trance und ohne noch irgendjemandem in die Augen zu schauen, drehte ich mich um und ging wie ein säumiger Schüler auf meinen Platz. Ich wusste, dass ich gerade die Lektion meines Lebens gelernt hatte. Einen kurzen Hilfe suchenden Blick warf ich noch meinem Pfarrer zu, der zwinkerte aber nur etwas schelmisch zu mir herüber. Wir haben nie mehr über diesen Vorfall gesprochen. Es gibt im Leben Dinge, die sind einfach klar, die müssen gar nicht noch mal besprochen oder gar ausdiskutiert werden.

Sechs Monate später, als ich in Bad Kohlgrub meine Primiz, also meine erste Heilige Messe feiern konnte, war es genau jener »Pulver-Schorsch«, der zu mir kam und mich darum bat, als gelernter Hochzeitslader doch bei meiner Primiz den Primizlader machen zu dürfen. Es sei ihm die größte Ehre, die es geben kann, meinte er. Voller Demut – wie damals am Stephanstag – habe ich sein Angebot dankbar angenommen und fühle mich heute noch in höchstem Maße geehrt, dass er diese Aufgabe übernahm. Immerhin hat er mir die wichtigste Tradition als zukünftigen Prediger in Fleisch und Blut übergehen lassen. Danke Schorsch!

27. Dezember

Der berühmte Johanneswein-Plops

»Trink die Liebe des Heiligen Johannes!« So heißt es am Ende eines jeden Gottesdienstes am 27. Dezember, am Fest des Heiligen Apostels Johannes und es wird wirklich gemeinsam ein zuvor gesegneter Wein getrunken. Nicht der konsekrierte Wein, der das Blut Christi darstellt im Kelch des Priesters bei der Kommunion, sondern ein ganz normaler Wein für alle Gottesdienstteilnehmer und das mitten im Kirchenraum! Es findet sozusagen ein weihnachtlich-halbliturgischer Belohnungsstehempfang für alle statt, die bis dahin die Weihnachtsgottesdienste mitgefeiert haben. Natürlich erfreut sich diese Tradition gerade in Weinbaugegenden sehr großer Beliebtheit, sie ist aber auch in anderen Regionen und Pfarreien ein gut eingeführter weihnachtlicher Brauch.

Die Begründung für dieses auf den ersten Blick doch sehr ungewöhnliche Geschehen im Kirchenraum liefert eine uralte Legende, nach der der Apostel Johannes einen Becher vergifteten Wein gesegnet haben soll. Daraufhin sei eine Schlange dem Kelch entwichen und der Wein sei so vom Gift befreit gewesen. Johannes trank daraufhin aus dem Kelch, ohne sich zu vergiften. Die tödliche Wirkung war sofort verloren gegangen. Solche Weinsegnungen verbindet die christliche Tradition auch mit anderen bekannten Heiligen wie dem Heiligen Ulrich von Augsburg oder dem Heiligen Stephanus. Aber die Johannisweinsegnung ist ganz sicher die bekannteste und volkstümlichste Weinsegnung überhaupt. Der historische Hintergrund für dieses Brauchtum ist im sogenannten Minnetrinken zu suchen: Bereits in vorchristlicher Zeit genoss man vor Beginn einer Reise oder beim Tod eines Menschen einen rituellen Liebes-, Erinnerungs- und Abschiedstrunk.

Leitmotiv für die Segnung ist dabei immer der Dank der Menschen für Gottes reiche Schöpfung. Im Jesuskind ist ja Gott selbst ein Teil von seiner eigenen Schöpfung geworden, ganz uns Menschen gleich. Zudem ist der Wein immer ein Zeichen für die Gegenwart Christi in der Eucharistie sowie ein sichtbarer Ausdruck für die Gemeinschaft Jesu mit seinem Volk. Wein weckt bekanntlich die Freude, löst die Zunge und fördert die Gemeinschaft.

Als kleiner Ministrantenbub habe ich eine solche Weinsegnung dann auch zum ersten Mal miterleben dürfen, ohne Vorwarnung und Einweisung. Am Ende der Messe ist der Priester nicht, wie gewöhnlich nach dem allgemeinen Segen, in Richtung Sakristei gegangen, sondern hielt mich kurz auf und stoppte mich, als ich schon zum Auszug aufbrechen wollte. Er nahm noch einmal sein Buch heraus und leitete ein Segensgebet über den Wein ein. Jetzt war ich völlig verwirrt. Welchen Wein, dachte ich mir nur? Wovon spricht er denn? Er hat doch seinen Wein gerade erst getrunken. Nirgends um mich herum sah ich irgendwo eine Karaffe oder eine Flasche Wein stehen. Am Ende bringt er noch einiges durcheinander, was die Heilige Messe betrifft, oder er hat andere gesundheitliche Probleme?

Natürlich stand es mir als kleinem Ministranten nicht an, dem Pfarrer zu sagen, dass er sich liturgisch gerade auf Abwegen befindet und so blieb mir nichts anderes übrig, als einfach eisern an seiner Seite auszuharren. Was auch immer jetzt passieren würde, ich würde bei ihm bleiben. Einem treuen Soldaten gleich erstarrte ich förmlich einen Schritt neben ihm und wartete einfach nur ab. Verstanden allerdings habe ich überhaupt nichts!

Wie üblich folgte nach einer kurzen Stille des Priesters das eigentliche Segensgebet. Diesmal aber war es eine andere, eine ganz besondere Stille. Plötzlich – wie wenn alle Anwesenden mit dem Finger ihre Backe schnalzen würden, so wie wir Kinder es gerne taten – war, fast wie einstudiert, kurz hintereinander weg ständig dieses »Plops, Plops, Plops«-Geräusch in der ganzen Kirche zu hören. Ich schaute zu den Leuten hin, aber da hatte keiner seinen Finger im Mund oder schnalzte damit, um »Plops« zu machen. Alle hatten sie ihre Hände schön brav unter der Bank. Es war mir ein völliges Rätsel, was hier abging. Sollte ich wirklich so etwas wie ein »Plops«-Wunder in unserer Kirche erlebt haben?

Natürlich war es das nicht. Das »Plops« kam wirklich von den Gottesdienstteilnehmern. Verborgen unter der

Kirchenbank und so nicht sichtbar für mich hatte einer nach dem anderen nach der Gebetseinladung zur Weinsegnung durch den Priester kurzerhand seine mitgebrachte Weinflasche entkorkt. Es sollte ja unbedingt sichergestellt werden, dass der priesterliche Segen auch wirklich den edlen Wein in der Flasche erreicht und nicht durch einen Korken davon abgehalten wird, seine Segenswirkung zu entfalten. Bei der anschließenden Weinverkostung war ich aufgrund meines jungen Alters ohnehin ausgeschlossen. Leider kam damals niemand der Erwachsenen auf die Idee, uns Kindern vielleicht einen antialkoholischen Traubensaft anzubieten. Dieser Brauch für die Jüngeren jedenfalls ist heute in meiner Kirche schon längst Gewohnheit geworden. Plops!

28. Dezember

Unschuldige Kinder im Libanon

Es versetzt mich immer wieder in Erstaunen, welche Auswirkung ganz einfache Momente im Leben haben können. Wie ein mächtiger Baum, der als kleines, von den meisten Leuten übersehenes Pflänzchen still und leise vor sich hin wächst und am Ende eine große, schattenspendende Pflanze mit vielen Früchten wird, so entstehen auch aus ganz schlichten Gesprächen und halb ernst gemeinten Gedankenspielen große Projekte, die einen Unterschied machen. So war es auch, als ich den bekannten bayerischen Kabarettisten, Schauspieler und Buchautor Christian Springer kennenlernen durfte, und das an einem Ort, der dafür so nie eingeplant war. Manchen Menschen begegnet man eben nicht einfach. Man wird von ihnen gefunden.

Kurz vor dem Oktoberfest laden die großen und kleinen Wiesnwirte jedes Jahr Freunde und Bekannte zu einer Hebauf-Feier ihres wiederhergestellten Wiesnzelts ein, in dem sie dann wenige Tage später wieder für zwei Wochen viele Hundert Gäste bewirten werden. Damals war ich Gast bei Manfred

Schauer, dem legendären »Schichtl« von der Wiesn, dem wohl letzten wirklichen Schau- und Bühnengeschäft auf dem Münchner Oktoberfest. Höhepunkt der stündlichen Varietévorstellung in seinem Theater ist dann immer die »Hinrichtung einer lebenden Person mittels Guillotine auf der offenen Bühne vor dem Publikum«. Die ganze Vorstellung ist eine amüsante und mit echt bayerischen Humor gespickte Unterhaltungsshow. Die Menschen, die sie besuchen, kommen natürlich nicht enthauptet aus dem kleinen Bühnenzelt heraus, sondern meist mit Bauchweh vor Lachen. Manfred Schauer und seine Truppe sind bekannt für originelle Sprüche und markigen Witzen. Um diesen Schaustellerbetrieb aber überhaupt finanzieren zu können, durfte er eine kleine Schänke in einem Anbau unterbringen, sozusagen ein Wiesnzelt im Kleinen, aber mit allem, was dazugehört: köstlichem Wiesnbier, gutem bayerischen Essen, Live-Unterhaltungsmusik und guter Stimmung.

Zu dieser offiziellen Eröffnungsfeier samt Segnung der neuen Räume hat mich der »Schichtl« damals eingeladen und nachdem mein geistlicher Part erfüllt war, nahm ich an einem Tisch Platz, an dem nur eine einzige Person saß. Christian Springer. Bislang war er mir nur bekannt aus dem Fernsehen. Ich wusste, dass er einmal Arabistik studiert hatte und auch fließend Arabisch sprechen kann. Kurz davor erlebte ich ihn in einer Talkshow, wo er seine Erlebnisse schilderte, die ihn das ganze Leid und Elend der Menschen in Syrien gezeigt hatten. Mit großer politischer Kenntnis erläuterte er im Fernsehen die unmenschlichen politischen Verwicklungen in Syrien und überhaupt im ganzen Nahen Osten und legte die ganze Brutalität des Assad-Regimes dar. Wegen seiner ungeschminkten Offenheit und deutlichen Verurteilung des korrupten Regimes in der ganzen Region durfte er nicht mehr nach Syrien einreisen, sodass es immer schwieriger wird, seine vielfältigen Hilfsaktionen für die Ärmsten der Armen vor Ort zu organisieren. Mit dem von ihm selbst gegründeten Verein »Orienthelfer e. V.« besorgt Christian Springer alles, was Flüchtlinge im Libanon brauchen, alles, was möglich und notwendig ist, von Milchpulver für Säuglinge, Stofftieren für die Kinder, medizinischen Produkten bis hin zu Feuerwehr- und Müllautos. Und meistens bringt er alles selbst zu den Menschen dorthin.

Ich setzte mich also ihm gegenüber und drückte meine ganze Bewunderung für sein Wirken und sein Engagement aus und wir kamen ins Gespräch. Hinterher dachte ich so bei mir: Da braucht die Welt also Kabarettisten, Komiker, eigentlich Leute, die andere zum Lachen bringen, die uns aber zeigen, wo die Wunden schmerzen und wo die wahren Gründe für die vielen Unrechtstaten in unserer Welt liegen. So wie die Hofnarren im Mittelalter sind es heute Leute wie er, die uns den Spiegel vor Augen halten und eindringlich ermahnen, worum es wirklich geht und was wir zu tun haben, wo das Unrecht seine Wurzeln hat und was sofort gegen die Unterdrückung und Ausbeutung der Menschen getan werden muss. Nur Worte allein reichen nie. »Schön reden tut's nicht; die Tat ziert den Mann«, drückte es einmal der Gesellenvater Adolph Kolping aus. Ein Christian Springer tut das auch, bedingungslos und teils unter großen Gefahren auch für sein eigenes Leben.

Am Ende wurde aus unserer unvermittelten Begegnung bei Brotzeit und Maß Bier eine echte Freundschaft, die bis heute besteht. Und noch wertvoller: Mit vielfältigen Aktionen darf ich mich seitdem mit engagieren und einbringen für und in seinem Verein der Orienthelfer, gehe manchmal selbst mit ihm zu Veranstaltungen – ob in meiner Pfarrkirche oder in Gemeindesälen – und organisiere Sachspenden und Gelder für seine monatlichen Reisen in den Libanon. Seit in Syrien selbst Krieg herrscht, kann Christian Springer nur noch vom Libanon aus syrischen Flüchtenden helfen und natürlich auch Flüchtlingen im Libanon selbst. Ein Grenzübertritt ist für ihn nicht mehr möglich und wäre wohl lebensgefährlich. Begonnen hat mein Engagement gleich am Ende unseres gemeinsamen Vor-Wiesnabends: Mein Entschluss stand fest, dass ich im nächsten Jahr, 2015, nach drei Jahren Pause wieder als Wiesn-Bedienung auf dem Oktoberfest arbeiten würde, um mein dort verdientes Geld an Springers Orienthelfer spenden zu können und vor allem auch, um von ihm und seinem Hilfswerk erzählen zu können. In jedem Interview, das meinen »Rücktritt vom Rücktritt« als Wiesn-Bedienung erläutern sollte, konnte ich von Christian Springer und seinem unglaublichen Einsatz im Libanon für die syrischen Flüchtlinge berichten. Dieser Mann, seine Willenskraft, seine Hingabe, sein Einsatz, seine Hilfsbereitschaft begeisterten mich und trieben mich wieder hinaus aufs größte Volksfest der Welt.

Aber dabei sollte es nicht bleiben. Die Geschichte unserer Begegnung entwickelte sich immer weiter. Wir bestritten etliche, auch sehr ungewöhnlich Aktionen: Wir verkauften an Pfingsten Hunderte von roten Pfingstkrapfen an die Menschen in der Kirche, sprachen am Karfreitag im Gottesdienst zusammen über das Warum des Leidens und ich konnte mich sogar bei einigen von Christians Buchprojekten inhaltlich mit einbringen. Und dann entstand unter den Jugendlichen in unserer Pfarrei ein großer Wunsch: Einmal selbst mit Christian Springer in den Libanon reisen und mit ihm seine Hilfsprojekte besuchen. Sofort willigte er ein, sodass wir nach einiger Vorbereitungszeit mit einer ganzen Gruppe engagierter Jugendlicher zusammen aufbrechen konnten. Es sollten absolut unvergessliche Tage werden. Wir brachten eine fahrbare Großküche in ein Dorf, in dem syrische Frauen täglich Hunderte von kostenlosen Essen für die Familien zubereiteten, die sich dorthin geflüchtet hatten. Und das waren eine Menge! Der Libanon hatte insgesamt über zwei Millionen syrische Flüchtlinge aufgenommen, fast die Hälfte der Einwohnerzahl des eigenen Landes. Ohne die Hilfe von außen, ohne Spenden aus Deutschland und der Welthungerhilfe, aber eben auch von solchen privat ins Leben gerufenen Organisationen wie die der Orienthelfer wäre die Versorgung dieser Menschen keinen einzigen Tag möglich gewesen. Der libanesische Staat ist dazu weder finanziell noch politisch in der Lage. In einem Krankenhaus wurden wir Zeugen, wie von Mitarbeitern der Orienthelfer lebensnotwendige Operationen ausgehandelt und finanziert wurden. »Hier an der OP-Schleuse fragt man nicht, wer zu behandeln ist, also ob Opfer, Flüchtling oder ein syrischer Soldat; hier musst du jedem helfen«, erzählte uns Christian Springer. Eindrücklicher als in jeder Bibelstunde haben wir hier gelernt, was Jesu Wort bedeutet, wenn er uns ins Stammbuch schreibt: »Was ihr dem geringsten meiner Brüder getan habt, habt ihr mir getan.«

Der emotionale Höhepunkt fand in einer der vielen Schulen statt, die Springers Orienthelfer errichtet hatten und nun betreiben. Statt Gebäuden sind es lediglich ein paar Container auf einer gemieteten Fläche. Die Grundbesitzer verdienen damit gutes Geld, aber diese Schulen sind unersetzbar. Da die syrischen Flüchtlingseltern selbst nicht arbeiten dürfen, müssen immer die Kinder für den Lebensunterhalt sorgen, indem sie auf der Straße betteln und hausieren. Eine Schulbildung ist so natürlich nicht möglich. Also braucht es Schulen sowie eine vernünftige finanzielle Unterstützung der Familien, sie müssen Lebensmittel bekommen, Kleidung und eine Unterkunft, damit die Kinder nicht zur Arbeit gehen müssen. All das bewerkstelligen die Orienthelfer im Libanon.

Wir betraten also gemeinsam ein solches Schulgelände, als gerade Pause war. Überall liefen fröhliche Kinder umher, sie spielten und sangen, tanzten und hüpften. Auf dem »Schulhof« verteilten wir die mitgebrachten Stofftiere aus Deutschland und blickten in unzählige glänzende Kinderaugen jeden Alters. Als die improvisierte Pause zu Ende war, durften wir in den verschiedenen Containern am Schulunterricht teilnehmen. Eng aneinander gedrängt saßen die Kinder in einfachen Schulbänken. Eine perfekte

Mischung aus Organisation und – zugegeben sehr viel – Improvisation, weil sie schlichtweg alternativlos war. Ich saß mittendrin mit einem kleinen Buben mit leuchtenden Augen auf dem Schoß, der selbst noch gar nicht im Schulalter war. Ganz selbstverständlich hatte er unter den anderen, größeren Kindern am Unterricht teilgenommen und den Anweisungen der Lehrerin, die auch von den Orienthelfern bezahlt wird, zugehört. Es war so eine fröhliche Stimmung in dem Container. Die Kinder in ihren gebrauchten Kleidern, die so viel Elend und Leid auf der Flucht zu Fuß aus Syrien erlebt und gesehen haben mussten, waren alle motiviert und voll konzentriert beim Unterricht dabei. Sie meldeten sich mit hoch ausgestreckten Armen, immer sehr diszipliniert, bei jeder Frage der Lehrerin antworteten sie laut gemeinsam im Chor und klatschten fest, wenn ihnen eine Antwort eines anderen Schülers gefiel. »Sie kommen sogar am Sonntag, wo die Schule gar nicht stattfindet«, klärte uns Christian Springer auf. »Das hier ist ihnen Heimat, Zufluchtsort und Sehnsuchtsraum geworden.«

Wir standen wieder draußen auf dem Schulhof, die Kinder blieben weiter im Unterricht und wir erfuhren von ein paar entsetzlichen Einzelschicksalen, wie es die Kinder bis hierher geschafft hatten. Ich spürte deutlich, wie all diese Eindrücke, die sichtbaren wie auch die »nur« erzählten mein Herz und meine Seele erreichten. Etwas verstohlen wendete ich mich ein paar Schritte ab von der Runde, ging zu einem der Container hin, hörte von drinnen das fröhliche Lernen der Kinder und verinnerlichte mir all diese Eindrücke. In diesem Moment wollte und durfte ich mich meiner Tränen nicht schämen. Es übermannte mich regelrecht: Ich wollte nur noch hemmungslos weinen und je fröhlicher und lauter die Kinderstimmen nach außen zu mir drangen, umso mehr erschütterte mich all das, was diese Kinder erlebt hatten.

Am Tag der Unschuldigen Kinder nach Weihnachten am 28. Dezember sollten wir keine bloße geschichtliche Rückschau machen. Im liturgischen Kalender ist dieser Tag sogar ein Fest! Aber wie kann das ein Fest sein, wenn ein König Herodes unschuldige Kinder und Babys hinrichten lässt, weil er den Messias vernichten will? Kann man solche Grausamkeit feiern? Kann man überhaupt feiern, wo doch all dieses Böse in der Welt uns immer begleiten wird? Ich möchte die Perspektive wechseln: Das Festliche an diesem Tag will uns erinnern, dass es immer wieder, zu allen Lebzeiten Menschen braucht, die sich gegen das Vertreiben und Vernichten, Töten und Verderben, Quälen und gegen jede unmenschliche Untat entgegenstemmen. Ich weiß nicht, ob es mehr das Schicksal dieser unschuldigen Flüchtlingskinder war, das mich in diesem Moment so ergriff, oder das Erleben-dürfen, wie sich Menschen wie ein Christian Springer und viele andere auf der Welt absolut angstfrei und bedingungslos für diese Kinder einsetzen. Dass ich seitdem auch dazugehören darf und mithelfen kann, ist für mich eine unvorstellbare Glückserfahrung geworden. Nein, wir werden niemals dem Unrecht, das diese Kinder erlebt haben, erlauben, das letzte Wort zu haben. Die letzten Worte werden auf alle Fälle nur Liebe und Gerechtigkeit sein.

29. Dezember

Vom Mann mit dem Hund in der Kirche

Er kam eigentlich jeden Tag in die Kirche in meiner Pfarrei, ein älterer Herr mit seinem wunderschönen weißen ungarischen Hirtenhund. Natürlich auch – oder erst recht – in der Weihnachtszeit, wenn die Kirche so herrlich geschmückt ist, vor allem mit der großen Krippe, die den ganzen Altarraum ausfüllt. Alle Lichter erleuchten dann so heimelig den Kirchenraum, dass man meint, man stünde schon direkt im Stall von Bethlehem selbst. Glaube, gelebter Glaube ist vor allem eins: Emotion. Das gilt in besonderer Weise für unsere Kirchenräume. Sie müssen einladend, bergend und behütend sein. Die Menschen müssen sich wohlfühlen können. Kirchen sind keine Arbeitsräume oder Werkstätten, Fabrikhallen oder Montagebetriebe. Kirche ist Heimat und »Heimat ist ein von Liebe durchwehter Raum«, formulierte es einmal der frühere Bischof von Innsbruck, Reinhold Stecher. Als gebürtiger Tiroler, heimatverbunden bis in die Zehenspitzen, wusste er wohl ganz genau, wovon er sprach.

Die Weihnachtszeit ist schon allein deshalb etwas Besonderes, weil sich ihr einfach keiner entziehen kann. Es ist inzwischen ja fast keine Frage des persönlichen Glaubens mehr, ob man von der Weihnacht und der Botschaft dieser Zeit berührt wird. Alles in diesen Tagen berührt irgendwie unser Herz. Wenn sich dann auch noch unsere Kirchenräume zu solchen Wohnzimmern der Liebe verwandeln, ist es kein weiter Weg mehr, die Menschen über ihre Gefühle zu erreichen. Weihnachten bei uns, in der nördlichen Hemisphäre des Planeten, findet in der dunklen Jahreszeit statt. Die Sehnsucht nach dem Licht, das nur wenige Stunden am Tag da ist, wird im Winter immer größer. Zur Wintersonnenwende, dem kürzesten Tag und der längsten Nacht des Jahres spüren wir es sogar körperlich, was der Lichtentzug für eine besondere Herausforderung für uns Menschen ist. Am 24. Juni, sechs Monate davor, feierten wir noch das Geburtsfest des Heiligen Johannes des Täufers. Er sagte von sich selbst, indem er auf Jesus von Nazareth zeigte, dass er abnehmen müsse, damit dieser Christus zunehmen kann. Denn Christus ist der Sohn Gottes, nicht er. Konsequent sind seit diesem Datum die Tage kürzer geworden und die Nächte wieder länger bis zur Wintersonnenwende und kurz darauf zur Christnacht hin. Da beginnen dann auch die sogenannten Raunächte, die uns bis Neujahr begleiten. Eine wunderbare Tradition, wie unser liturgischer Jahreskalender und die Gezeitenphasen unseres Jahresablaufes zusammenfließen.

Weihnachtlich erleuchtete Kirchen, vielleicht eine feine, ruhige Musik im Kirchenraum, das kann darum den Menschen helfen, diese dunklen Tage zu bestehen. Jedes Jahr legen wir hier bei uns in St. Maximilian größten Wert darauf, dass die Besucher und die Gottesdienstteilnehmer unsere Kirche als einen solchen schützenden Raum erfahren, natürlich auch das ganze Jahr über, aber jetzt in der Weihnachtszeit eben ganz besonders!

Der Mann mit dem Hund jedenfalls saß immer, jahrein und jahraus, nachmittags in der vorletzten Stuhlreihe, nirgendwo anders. Er blieb etwa eine halbe Stunde, nahezu regungslos. Er saß da, betrachte alles und schwieg für sich. Neben ihm saß sein großer schöner Hund wie eine Wachstatue und rührte sich nicht vom Fleck. Er wurde nie ungeduldig, fordernd oder drängend. In absoluter Stille verharrten beide einmütig – ja, ich muss schon sagen: wie im Gebet. Ich kenne bis heute nicht einmal seinen Namen oder seinen Wohnort, aber einmal sprach ich ihn an. Ich musste ihn einfach ansprechen, allein weil die Einmütigkeit dieser beiden »Beter« mich tief berührte. Ich ging auf ihn zu, grüßte ihn kurz und bemerkte etwas auflockernd zu ihm, dass ich mich schon mehrmals, als ich die beiden betrachtete, gefragt habe, wer von beiden, also er oder sein Hund, am Ende wohl der Frömmere sei. Er lachte kurz über diese Bemerkung und streichelte seinen Hund. Als ich ihm dann auch noch sagen konnte, welcher Hunderasse sein Begleiter angehört, war er sichtlich stolz auf diesen Prachtkerl und freute sich. Der Hund war ein bildschöner Kuvasz, ein ungarischer Herdenschutzhund, der heute in der Schafhaltung eine besondere Renaissance erfährt, vor allem in der Schweiz und in Italien. Diese Hunde sind so stark und unerschrocken, dass sie es mit jedem Wolf und jedem Bären aufnehmen, um die Herde zu schützen. Im großstädtischen Raum trifft man daher eher selten auf solche besonderen Hunde. Dass ich diese Rasse erkannte, geht auf meine Kindheit zurück, denn als Kind habe ich mir immer von meinen Eltern einen eigenen Hund gewünscht. Aus miettechnischen Gründen habe ich aber nie einen bekommen. Das ist auch absolut okay so, meine Eltern hatten vollkommen recht. Sozusagen zur Strafe jedoch habe ich dann alle Hunderassen aus einem Hundebuch einfach auswendig gelernt, um zum Beispiel beim Spazierengehen sofort erklären zu können, von welcher Rasse nun dieser Hund abstammt, sobald uns einer entgegenkam. Daher wusste ich also sofort, dass hier ein kräftiger, ausgewachsener Kuvasz vor mir sitzt, ein Hütehund, der absolut aufmerksam alles um sich herum bewacht und keinesfalls wie ein Schoßhündchen berührt werden sollte, außer natürlich von den Menschen, die zu ihm gehören und für die er zuständig ist.

Meine nächsten Fragen aber trieben mich noch mehr um. Ich kann mir bis heute nicht erklären, wieso mich diese Fragen überhaupt so beschäftigten und was der Anlass für sie war, denn eigentlich kann ich meine Neugier ganz gut im Zaum halten. Aber wie getrieben von einer inneren Stimme brach es aus mir heraus und ich sagte zu ihm: »Hören Sie! Sie sind fast jeden Tag hier, zwar nie im Gottesdienst, aber das mag vielleicht auch am Hund liegen, weil das mit so vielen Menschen an einem Platz Stress für ihn bedeuten würde. Aber trotzdem kommen Sie untertags hierher, sitzen hier am hinteren Ende der Kirche und neben Ihnen ihr Hund und ... Nun, ich meine, was tun Sie denn eigentlich in dieser Zeit hier in der Kirche? Woran denken Sie? Vielleicht, was Sie noch für Besorgungen machen müssen? Oder was Sie heute kochen werden? Oder was es wohl abends im Fernsehen zu sehen gibt? Oder beten Sie wirklich? Und wenn ja, was und wie beten Sie? Sie haben keinen Rosenkranz in der Hand, kein Gebetbuch, kein gar nichts.«

Oh je, dachte ich mir, kaum hatte ich all das ausgesprochen. Jetzt habe ich ihn ja regelrecht überfahren mit all meinen Fragen. Vielleicht bin ich auch zu weit gegangen? Wieso frage ich überhaupt einen Fremden, was er hier tut oder wie er betet? Das ist doch allein seine Sache! Er sitzt da in einer riesigen Kirche mit 100 Metern Länge ganz hinten und tut niemandem weh. Das kann er doch tun, ist allein seine Sache! Und ich misch mich da ein! Geht mich ja überhaupt nichts an. Ich kam mir in diesem Moment so richtig oberlehrerhaft vor, übergescheit und bevormundend. Nein, ich würde es ihm nicht verdenken, würde er mich jetzt gleich abblitzen lassen oder sogar verärgert gehen. In Gedanken lief schon der Disput vor mir ab: Was soll mich das denn bitte angehen, dass er hier sitze, jeden Tag, mit seinem Hund, würde er mir entgegnen. Und wieso er mir bitteschön erklären sollte, wie er bete, und was er bete. Wo kämen wir denn da hin, wenn sich jeder Besucher erst einmal derart ausweisen müsse? Wenn ich etwas dagegen hätte, müsste ich es ja auch einfach nur sagen. Ich hätte das Hausrecht und könnte ihn ja rauswerfen ...

Aber diese Geschichte nahm nun eine ganz andere Wendung, eine, die ich überhaupt nicht auf dem Plan hatte. In ganz wenigen Momenten würde ich eine Unterweisung in Sachen Gottesbegegnung erhalten, die mir noch nie vorher so intensiv bewusst geworden ist. Ich habe Theologie studiert, Spiritualität gelernt und eingeübt, versuche seitdem seit vielen Jahren selber als geistlicher Mensch zu leben und die Früchte der Spiritualität im Leben zu erkennen. Eigentlich sollte ich ja der Profi auf diesem Gebiet sein und die anderen dahingehend einweisen, wie und vor allem wozu ein Gebetsleben sinnvoll und lebbar ist. Freundlich lächelte mich der Mann einige Momente an und sagte zunächst gar nichts. Ich wartete gespannt auf seine Antwort und fixierte sein Gesicht, nervös, was gleich passieren würde. Dann hob er plötzlich die rechte Hand und machte eine zeigende Geste nach vorne. Ganz hinten in unserer Kirche sah man in einem goldenen Licht inmitten der Weihnachtskrippe unseren Tabernakel, in dem der Leib Christi aufbewahrt wird. Die Gegenwart Gottes in diesem sakramentalen Zeichen ist uns Katholiken etwas ganz Wertvolles. Wir begegnen Christus nicht nur in der Feier der Heiligen Messe, der Eucharistie, wir können ihn nicht nur leibhaftig als Brot empfangen und essen. Schon sehr früh im Mittelalter hat sich daneben auch die Schaufrömmigkeit herausgebildet, das heißt wir begegnen Christus in der Eucharistie, im Sakrament des Altares, indem wir es anschauen; an Fronleichnam auf die Straßen tragen in einer kunstvoll verzierten, goldenen Monstranz; bei Anbetungsstunden darin auf einem Altar zur Betrachtung aussetzen und anschauen. Auch so ist Begegnung möglich und wenn wir ehrlich sind, funktioniert das genauso wie es unter Menschen üblich ist. Wir haben Fotos von unseren Angehörigen zu Hause stehen und schauen sie an, wenn wir uns nach ihnen sehnen. Selbst unsere verstorbenen Haustiere haben als Fotografie einen bleibenden Platz in unseren Wohnungen. Auch wenn die Tiere und Menschen darauf nicht leibhaftig anwesend sind, so fühlen wir uns doch ganz nah an sie herangeführt, allein wenn wir ihr Bild betrachten. Diese Urerfahrung des Menschen hat zur Anbetungspraxis in unserer Kirche geführt. Selbst wenn wir das Allerheiligste nicht direkt sehen können – denn der Tabernakel ist verschlossen –, so wissen wir doch: Christus darin ist gegenwärtig. Es ist, wie wenn ein lieber Mensch im Zimmer ist, ohne dass wir ihn direkt sehen. Aber man kann ihn irgendwie spüren.

So streckte der Mann also seine Hand aus, zeigte nach vorne in Richtung Tabernakel und sagte nur: »Schauen Sie doch: Er ist da und ich bin da. Das genügt!«

Das war's. So kurz und prägnant habe ich noch nie das eucharistische Geheimnis erklärt, gezeigt und illustriert bekommen. In all den vielen Jahren des Studiums und der eigenen Praxis als Verkündiger, Prediger und Lehrer, noch nie hat man mir dieses große und wunderbare Geheimnis so einfach und präzise beigebracht: »Er ist da und ich bin da. Das genügt!« – »Meine Güte, wie herrlich normal doch unsere Glaubenssprache sein kann, wenn wir nur wollen«, schoss es mir durch den Kopf.

Ich wusste in dem Moment genau, dass jedes weitere Reden über diese Beschreibung seines Betens hinaus mehr kaputt gemacht als verdeutlicht hätte. Hier durfte ich auf gar keinen Fall weiter diskutieren. Hier gab es auch gar nichts mehr dazu zu sagen, schon gar nicht ein Infragestellen, ob das jetzt stimmt, genügt oder ausreicht für ein anständiges Gebet. Ich sagte auch wirklich nichts dazu, keinen Satz, verbot mir jede Bemerkung und wusste ganz genau, dass eine solche Betrachtung unbeantwortet bleiben muss und darf. Ich lächelte ihn nur an, nickte bestätigend mit dem Kopf und ließ ihn und seinen wunderbaren Hund allein auf seinem Platz. Beseelt von dieser großartigen und vor allem unerwarteten Unterweisung ging ich weiter, dachte an das, was ich eigentlich noch machen wollte, und ordnete meine Gedanken. Dieses Lehrstück aber, das ich da gerade bekommen habe, ist mir seitdem unauslöschlich eingebrannt: »Er ist da und ich bin da. Das genügt!«

Seit einigen Jahren habe ich den Mann mit seinem Hund nicht mehr in meiner Kirche gesehen. Vielleicht ist er umgezogen, vielleicht ist ihm auch etwas zugestoßen oder er ist gar verstorben. Dann ist er jetzt vielleicht ganz bei dem, den er immer in der Kirche besuchen kam. Sollte es so sein, dann wünsche ich es ihm von ganzem Herzen. Aber ich weiß es nicht. Vielleicht sitzt er jetzt auch in einer anderen Kirche. Sei es wie es sei: Vergelt's Gott, guter Freund, mit deinem wunderschönen Hirtenhund! Du hast mir einen Weg gezeigt, wie ich ganz einfach Gottes Nähe spüren kann: einfach da sein. Er ist es ja auch.

30. Dezember

Heilige Familie mal ganz anders

Es war zunächst eine ganz gewöhnliche Anfrage, die da bei uns im Pfarrbüro eintraf: Sie wollten gerne ihren Sohn Henry in unserer Kirche taufen lassen. Zwar stammten und wohnten sie nicht in unserem Stadtviertel, nicht einmal in München. Ihr Leben spielt sich sogar in zwei Ländern ab, in Deutschland und der Schweiz. Aber, was nun viel wichtiger sei, sie hätten schon viel Gutes von uns gehört und vor allem hätten sie gehört, dass wir niemanden zurückweisen, der mit einer solchen Bitte zu uns kommt. Natürlich braucht es keine besonderen Ausweise und Voraussetzungen, wenn man sein Kind zur Taufe in die Kirche bringen will. Ein Kind, eine schöne Taufkerze, ein Taufkleid, gute Stimmung und viele gute – durchaus ein paar fromme – Absichten, das sollte genügen für ein gelungenes Tauffest und vor allem für eine sichere Zukunft für das Kind in seinem Leben. *Sollte* genügen. Etwas schwieriger wird es dann doch, wenn die mitgebrachten Grundvoraussetzungen speziell sind. Die Eltern, die sich hier bei uns meldeten, dürften auch in unseren heutigen modernen Zeiten nicht wenige

Probleme bekommen, wenn sie einfach so mal bei einem x-beliebigen Pfarramt anklopfen mit ihrer Taufbitte für ihr Kind, vor allem, wenn es auch noch ihr ausdrücklicher Wunsch ist, die Taufe unbedingt innerhalb einer Sonntagsmesse abzuhalten, also vor der versammelten Gottesdienstgemeinde.

Henry aber war alles andere als das Standard-Taufkind für eine katholische Taufe und Henrys Familie ebenso. Henrys Eltern, beginnen wir bei ihnen, sind nicht Papa und Mama, sondern, wie es heute immer wieder vorkommt – und ich sage jetzt bewusst »Gott sei Dank«, weil sie sich nicht mehr verstecken müssen –, Papa und Papa. Carsten und Ben sind junge, dynamische, sehr gescheite und in ihren Berufen erfolgreiche, moderne und sehr aparte Männer. Carsten hat sogar eine lange katholische Erziehungsgeschichte im Gepäck: die Zeit in der Pfarrjugend, die Ministrantendienste und das Zeltlager, der coole Heimatpfarrer, der mit ihnen sogar Fußball spielte und auch viele geistige Impulse, die er sich aus seiner Zeit des Heranwachsens bis heute bewahrt hat. Es ist vor allem er, der gerade deswegen den Wunsch nach der Taufe seines Sohnes so entschieden verfolgt, während Ben dem eher zurückhaltend, aber nicht ablehnend gegenübersteht. Er erlebte Kirche immer schon distanzierter. Die vielen Unstimmigkeiten mit ihr haben ihn dann bereits als Studenten vor einigen Jahren aus ihr austreten lassen. Die Taufe von Henry aber sei natürlich auch sein großer Herzenswunsch – allein, weil es Carsten so wichtig ist. Hinzu kommt Henrys Herkunft: Nur durch künstliche Befruchtung und ausgetragen von einer

Leihmutter in den USA konnte dieser kleine Mensch das Licht der Welt erblicken. Er wurde dort geboren, ist also streng genommen amerikanischer Staatsbürger, aber hat natürlich auch einen deutschen Pass. Auf den ersten Blick also ist das alles nicht nur eine sehr außergewöhnliche Zusammenstellung, sondern auch eine sehr unkatholische. Es wundert mich nicht, wenn da die einen oder anderen eher kopfschüttelnd abwehren, wenn es um die Frage nach der katholischen Taufe geht. Ob sie schon woanders nachgefragt hätten, wollte ich von Carsten am Telefon wissen. »Nein, das versuchen wir gar nicht«, meinte er. »Die sagen doch sowieso Nein, so ist zumindest unser Gefühl.«

Seine Enttäuschung in der Stimme war nicht zu überhören. Ich wollte nicht Nein sagen und so haben wir uns getroffen und lange miteinander geredet, über ihre Liebe zueinander, ihren Wunsch nach einem eigenen Kind, den nicht mühelosen Weg, diesen Plan auch umsetzen zu können und was da alles zu beachten war. Am meisten beeindruckte mich dann die Feststellung: »Wir wollten, dass alles – wenn auch noch nicht in Deutschland möglich – legal ist! Unser Kind soll immer wissen, dass es rundherum ein Kind der Liebe ist und sich nicht durch die Hintertür in diese Welt mogeln musste.« Das hat mich überzeugt. Die beiden Väter haben sehr viel Geld investiert und alles perfekt organisiert. Sie lebten praktisch ein halbes Jahr selber in den USA, kümmerten sich liebevoll um die Leihmutter und wollten es nicht einfach bei einer schnöden Bezahlung belassen. Sie wird sogar bei der geplanten Taufe anwesend sein, verkündete Ben voller Stolz bei unserem letzten Gespräch. »Und dein Kirchenaustritt?«, meinte ich zu ihm. »Wie passt der da rein?« – »Der wird Geschichte sein, glaube ich«, meinte Ben. »Ich wollte jetzt nur sehen, wie weit ihr als Kirche bis heute schon gekommen seid mit der unbedingt notwendigen Veränderung in den eigenen Reihen!«

Beim Gottesdienst am Fest der Heiligen Familie, das immer am ersten Sonntag in den acht Tagen nach dem Weihnachtsfest stattfindet, konnte sich Ben dann selbst ein Bild von dieser Veränderung machen. Gerade dieses Fest verleitet so manchen Prediger, ein perfektes Familienideal zu stricken, von Vollkommenheit zu reden. Mit dem Blick auf die Idylle im Stall in Bethlehem, die wir auch in unseren Weihnachtskrippen sichtbar machen und so sehr lieben, die ja gerade die ganze Heimeligkeit des Weihnachtsfestes ausmacht, versteigen wir uns schnell in sehr hohe Ansprüche, die dann bald als Forderungen rüberkommen. Es muss in den Familien harmonisch, solidarisch, liebevoll, immer natürlich ohne jeglichen Streit und nur Gott zugewandt in den Familien zugehen! Wirklich? Ist das eigentlich irgendwo so erfüllt? In einer einzigen echten Familie?

Auf einmal stehen diese jungen, selbstbewussten Väter eines kleinen Sohnes neben mir vor dem Altar vor einer riesigen Gottesdienstgemeinde. Ich stelle sie vor, frage nach ihrem Taufwunsch für Henry und zelebriere diese Taufe wie jede andere. Am Ende schnappe ich mir – wie sonst auch – den Neugetauften und trage ihn auf meinem Arm durch die Kirche, damit ihn jeder Gottesdienstteilnehmer auch mal aus der Nähe sehen kann. Ohne es sofort zu bemerken, spüre ich aber beim Gehen, dass ich irgendwie »verfolgt« werde. Nein, ich hatte Carsten und Ben mit keinem Wort aufgefordert, mich bei diesem Weg durch die Kirche mit ihrem Henry zu begleiten. Trotzdem sind sie unaufgefordert mitgegangen. Hand in Hand gehen sie hinter mir und ihrem Sohn her, lächeln zufrieden und geben uns irgendwie ein ganz besonderes Geleit. Zurückgekommen vor dem Altar fühle ich es direkt, dass da noch eine Botschaft kommen muss, dass da noch etwas fehlt, um diese Taufe abzurunden. Instinktiv halte ich dem eher Zweifelnden von beiden das Mikrofon hin und frage ihn: »Hast du dir das jetzt so vorgestellt, wie wir den Henry getauft haben?« Ben antwortet ohne lange zu zögern: »Es war ganz einfach unsere Absicht. Und darum wollten wir, dass Henry ganz bewusst hier, jetzt, bei euch in diesem Gottesdienst vor allen Leuten getauft werden soll, so, dass ihr uns zu sehen bekommt! Wir wollten keine Tauffeier nur im abgeschlossenen kleinen Bereich für uns allein. Ihr solltet sehen, dass wir zwei Männer ganz normale Eltern sind und liebevolle Eltern für unseren Sohn sein werden. Wir haben nichts Verbotenes getan, auch wenn die offizielle Kirche das immer noch meint, anders beurteilen zu müssen. Unser Kind ist das schönste Geschenk, das uns Gott gemacht hat. Unsere Liebe für dieses Kind ist unsere einzige Antwort, die wir ihm dazu geben können. Aber das bedeutet doch Weihnachten, dachte ich immer, und deswegen wollten wir heute mit euch unsere Freude darüber teilen!«

In diesem Moment stockte Bens Stimme, ein paar Tränen schossen ihm in die Augen und wie wenn die ganze Kirche das gespürt hätte, brandete plötzlich ein Applaus auf, der die ganze, riesige Kirche erfüllte. Diese kurze Ansprache des homosexuellen Vaters des neugetauften Kindes war wohl die nachhaltigste, wichtigste und wertvollste Predigt am Fest der Heiligen Familie, die unsere Kirche oder die Kirche überhaupt jemals erlebt hat. Plötzlich ist in allen unseren Herzen so richtig Weihnachten geworden. »Mach's wie Gott und werde Mensch!«, heißt ein beliebter Weihnachtsspruch. In diesem Moment ist es gerade wieder einmal passiert. Immer wieder von Zeit zu Zeit darf ich diese kleine, wunderbare Familie in meiner Kirche begrüßen. Der kleine Henry wird zunehmend größer und selbstständiger, genauso wie meine Freude, wenn ich die drei in die Arme nehmen kann und mir dabei denke: Danke, lieber Gott, dass du immer für solche wunderbaren heiligen Familien sorgst! Danke!

31. Dezember

Brot statt Böller, das Virus machts möglich

Die Coronazeit war herausfordernd. Kontaktbeschränkungen, Kulturaskese, Abstandsregeln, Einschränkungen der persönlichen Bewegungsfreiheit, Versammlungsbeschränkungen, Impfpflichtdiskussionen – alles in allem erscheint es in der Rückschau unglaublich, welche Herausforderungen wir in diesen Jahren in unserem Land gemeistert haben. Der Höhepunkt der staatlichen Bestimmungen war mit Sicherheit die kurz vor Weihnachten 2021 verhängte totale Ausgangssperre für alle Bürger ab 21 Uhr abends! Aber die Leute haben eine Disziplin an den Tag gelegt, die unbeschreiblich war. Ab 21 Uhr waren die Straßen tatsächlich leer gefegt wie in den Zeiten, als noch Edgar Wallaces Krimis die Menschen zu Hause an die Fernsehgeräte fesselten. Nichts, aber auch gar nichts war draußen los. Man war versucht, dieses – hoffentlich einmalige – Ereignis zu genießen.

Für uns als Pfarrei hieß das nun zunächst: Keine Christmette am Heiligen Abend wie gewöhnlich um Mitternacht! Nur Perso-

nen mit einem anerkannten Berechtigungsausweis, die ihre Wohnung oder ihr Haus aus dienstlichen Gründen verlassen mussten, konnten auf die Straße gehen. Ein Gottesdienstbesuch oder auch die Mitwirkung beim Gottesdienst als Ministrant, Kirchenmusiker oder Lektor war laut den Bestimmungen nicht möglich. Kurzerhand haben wir daraufhin in unserer Pfarrei die Christmette vom Heiligen Abend einfach vorgezogen, damit alle Mitwirkenden um 21 Uhr wieder zu Hause sein konnten. Danach haben wir das Video davon am späten Abend per Streaming-Dienst ins Internet gestellt.

Dieses Problem war also sehr unproblematisch und unbürokratisch gelöst.

Als Pfarrer hatte ich natürlich besagten offiziellen Berechtigungsausweis, um auch nach 21 Uhr das Haus verlassen zu können. Es mussten ja auch evtl. Notfälle versorgt werden, Krankenbesuche während der Nacht, Unfälle können ja zu jeder Zeit passieren und ich musste auch immer wieder in meine Kirche gehen und dort in der Technik nach dem Rechten sehen, damit der aufgezeichnete Christmettengottesdienst auch wie angekündigt spätabends übertragen wurde. Es war wirklich der stillste, und fast unheimlichste ruhige Heilige Abend, den ich je erlebt habe. Gegen 23 Uhr machte ich mich auf den Weg in die Kirche hinüber, um zu sehen, ob alle Gerätschaften bereits eingerichtet seien. Ein Techniker war immer vor Ort. Ich musste eigentlich nur über die Straße gehen, aber – mit einem Glas Rotwein in der Hand und dem Ausweis in der Hosentasche natürlich – stellte ich mich erst mal mutterseelenallein auf die sonst so viel befahrene Straße und genoss in vollen Zügen diese Leere und absolute Stille. Dann begannen die Kirchenglocken zu läuten, weil in Kürze ja die Christmette anfangen sollte. Es lag eine andachtsvolle Stimmung in der Luft, man konnte einen klaren Sternenhimmel bewundern und in den Wohnungen um die Kirche herum brannten die Lichter. Die Menschen feierten brav zu Hause. Manche traten auf den Balkon, um das Kirchengeläut, das wohl für viele noch nie so erhaben klang wie in dieser ganz besonderen Nacht, zu hören.

Plötzlich sah ich von Weitem die zwei Scheinwerfer eines Autos auf der Straße auf mich zukommen. Insgeheim dachte ich mir nur: »Lieber Gott, bitte lass es eine Polizeistreife sein! Ich will wenigstens einmal in dieser Nacht wichtig sein und meinen Ausweis herzeigen können!« Kurz darauf hielt das Auto neben mir an. Es war wirklich ein Polizeiauto. Das Fenster an der Fahrerseite ging langsam herunter, der Polizist darin schaute mich an und noch bevor er etwas sagen konnte, deutete ich auf mein Rotweinglas in der Hand und meinte nur: »Herr Wachtmeister, ich weiß, es klingt jetzt ziemlich abgedroschen, aber es ist wirklich nicht so, wie es aussieht!« Ich stellte mich schon auf längere Erläuterungen ein, wieso und warum ich mich hier aufhalte und dann noch mit einem Glas Wein in der Hand, ob da noch mehr unterwegs seien oder gar irgendwo eine unerlaubte Feier an der Isar stattfand und vieles mehr. Gedanklich hatte ich mir meine Argumentationskette schon lückenlos zurechtgelegt und freute mich schon diebisch, dass ich dann ganz zum Schluss meinen Berechtigungsschein wie eine Siegestrophäe in die sternenklare Weihnachtsnacht emporheben würde.

Hätte, würde, könnte – alles kam dann doch anders. Ich konnte gar nichts mehr abliefern. Ganz abrupt und ohne viele Worte endete unsere nächtliche Begegnung. Der Polizeibeamte auf der Beifahrerseite, der längst zu mir herübergeschaut hatte, stupste seinen Kollegen am Steuer nur kurz von der Seite an und sagte zu ihm: »Geh, fahr weiter, das ist nur der Pfarrer!« Freundlich lächelnd fuhren sie wieder. Das war sie also, meine große »Ich-habe-die-Berechtigungsschein-Auftrittsszene«! Ich wusste nicht, ob ich enttäuscht oder erleichtert sein sollte. Jedenfalls war ich im Inneren trotz all der widrigen Umstände an diesem Weihnachtsabend sehr zufrieden. »Nur wie sollte das in einer Woche am Silvesterabend funktionieren?«, war schon mein nächster Gedanke. Die Leute wollen um Mitternacht hinaus auf die Straße gehen, Raketen und Böller abschießen, mit Sekt anstoßen, sich auf den öffentlichen Plätzen und Brücken versammeln und das neue Jahr begrüßen. Kann man das eigentlich verbieten oder gar verhindern?

Wie angekündigt, war auch das verboten. Es galten dieselben Regeln wie schon am Heiligen Abend: Ausgangssperre ab 21 Uhr, keine Versammlungen, Abstandsgebote. Nach einer zahlenmäßig überschaubaren Jahresschlussmesse ging man nach Hause, um dort den Jahreswechsel im familiären Umfeld abzuwarten. Der Absatzmarkt an Silvesterraketen und Böllern ist natürlich völlig eingebrochen, darüber hinaus gab es zeitweise auch dafür Verkaufsverbote. In der Wohnung können die ja aber auch schlecht abgefeuert werden. Um 0 Uhr war es so weit und wo sonst feiernde Menschenmassen sich drängen, zuprosten und die bunten Raketen am nachtdunklen Himmel bestaunen, war nur gähnende Leere. Es hatte wirklich funktioniert. Die Leute haben sich alle brav an die Verordnungen gehalten, blieben zu Hause oder traten allenfalls um Mitternacht mit einem Glas Sekt auf den Balkon. Ich ging hinüber zur Kirche und schaltete um Mitternacht alle sechs Glocken in beiden Türmen ein. 15 Minuten würden sie jetzt mit voller Kraft läuten, so wie jedes Jahr. Doch der Unterschied war enorm. Bislang hatte ich sie nie hören können, obwohl sie doch läuteten. Die Silvesterraketen und Böller waren einfach viel lauter. Nicht aber in diesem Jahr. Erhaben, ehrwürdig, gewaltig und mitreißend war ihr Klang vom ersten bis zum letzten Glockenschlag. Nichts, kein Geräusch, kein Knall und kein Zischen kam dazwischen oder hätte sie diesmal übertönt. Es war ein solch würdevoller Klang, der das ganze Stadtviertel erfüllte, dass auch die feiernden Menschen auf ihren Balkonen innehielten und nur noch zuhörten.

Seit meiner Jugendzeit beteilige ich mich an der Aktion »Brot statt Böller« und mache Werbung dafür, dass man sein Geld nicht für das sinnlose Abschießen von Silvesterfeuerwerk ausgibt, sondern für »Brot für die Welt« spendet, damit die Armen auf dieser Erde nicht ständig vergessen werden. Konfrontiert mit dem Argument, dass an der Pyrowirtschaft auch wichtige Arbeitsplätze hängen, sage ich immer, dass man genauso viele Böller und Raketen kaufen soll, wie man für die Armen spenden will. Dann wäre es doch ein gerechtes Teilen. Die Aktion »Brot statt Böller« gibt's bis heute, so richtig Gefallen gefunden aber hat sie nie, außer eben in diesem Coronajahr! Plötzlich war es wirklich möglich, auf die Knallerei zu verzichten! Das Virus hat's durchgedrückt. Ob es deswegen mehr Erlös für die Aktion »Brot statt Böller« gab, ist mir nicht bekannt. Aber der Genuss des Glockenklangs in dieser Nacht wird für immer in meinem Herzen sein.

1. Januar

Loslassen und Hergeben am Neujahrstag

Und dann war da noch jene Mutter, die heute noch eine rosa Schleife in ihrem Nähkasten liegen hat. Sie hatte einen Teddybären genäht, aus Plüsch, mit Watte gefüllt und mit einer rosa Schleife verziert. Als er fast fertig war – es fehlte nur noch der Stummelschwanz und eben jene rosa Schleife –, zeigte die Mutter den fast fertigen Teddybären ihrer Tochter. Sie hat ihn nie mehr hergegeben. Von diesem Abend an nahm sie ihn jeden Tag mit ins Bett, schleifte ihn mit in den Kindergarten, nahm ihn mit, wenn sie bei ihren Freundinnen übernachtete, hatte ihn bei ihrer Hochzeit dabei und jetzt im Wohnzimmer ihres Hauses über dem Sofa sitzen. Sie hatte ihn nie mehr hergegeben. Anfangs hatte die Mutter noch ein paar Mal den Versuch unternommen, ihn doch wenigstens für ein paar Stunden noch einmal zurückzubekommen, um doch noch die rosa Schleife anbringen zu können. Es war vergebliche Liebesmüh. Jedes Mal, wenn das Mädchen den Teddybären wieder hergeben sollte, begann es, Rotz und Wasser zu heulen. Also liegt die Schleife heute noch im Nähkasten jener

Frau. Ach ja, und den Stummelschwanz, den hat dieser Teddybär auch nie erhalten.

Bei Kindern ist das sehr häufig so. Man gibt ihnen etwas in die Hand und sie lassen es nicht mehr los. Ganz egal, ob es schon fertig, ob es zu Ende gebracht ist oder man noch etwas daran tun müsste. Bei jenem Teddybären war das nicht tragisch, der kann auch ohne Stummelschwanz und ohne rosa Schleife ein gutes Kuscheltier sein. Manchmal aber geht es nicht anders, da muss man einem Kind eine unfertige Sache noch einmal aus der Hand nehmen: das Kleid, das noch nicht fertig ist, das lediglich zur Anprobe zusammengeheftet wurde, das Spielgerät im Rohzustand oder das Puppenhaus, bei dem die Wände nur provisorisch befestigt sind ...

Damit man es fertig stellen kann, damit wirklich das daraus wird, was es am Ende auch sein soll, dazu muss man dem Kind solch ein Teil einfach noch einmal wegnehmen – auch wenn es dann Tränen gibt, auch wenn das Kind absolut nicht versteht, warum es das Kleid oder das Puppenhaus noch einmal hergeben soll. Manchmal kommt man um diese Tränen einfach nicht herum. Dass das schon jetzt im Rohzustand Liebgewordene am Ende noch viel schöner sein wird, dass es viel besser passen oder sicherer sein wird und dass es deshalb notwendig ist, noch einmal für kurze Zeit aus den Händen zu geben, das sind Erklärungen von Erwachsenen; die versteht das Kind in aller Regel nicht.

Genauso wie wir es niemals verstehen werden – bei allen Erklärungsversuchen, bei allem Nachdenken, bei all unserer Theologie –, warum wir dieses Leben, das uns doch so lieb geworden ist, warum wir es noch einmal hergeben müssen, warum es Gott uns einmal ganz aus der Hand wird nehmen müssen.

Von Vollendung spricht die Theologie, von Fülle des Lebens spricht die Bibel. Wir hören diese Worte und wir können uns mit dem Verstand den Sinn zusammenreimen. Das Kind in unserem Herzen, das klammert sich aber trotz all dieser Worte an dieses wunderschöne, unfertige Leben, das uns Gott schon einmal in die Hände gelegt hat. Und loslassen wollen wir dieses Leben unter keinen Umständen mehr.

Der Neujahrstag ist nicht einfach nur ein Tag des Aufbruchs. Er erinnert immer auch an all das Glückliche, das wir mit dem alten Jahr zurücklassen mussten, auch an all das Unfertige und Holprige, das wir zurücklassen durften. Irgendwie macht er uns so unsere Sterblichkeit auf eine ganz besondere Weise bewusst. Er ruft uns in Erinnerung, dass unser Leben nie ganz fertig ist und dass es unentwegt notwendig sein wird, es noch einmal aus der Hand zu geben.

Aber der Neujahrstag will uns auch sagen, dass das nur für einen kurzen Augenblick sein wird, so wie ein Kalenderblatt fällt und den Blick auf das neue Jahr freimacht. Oder eben gerade so lange, wie es braucht, um dieses Leben zu vollenden, fertig zu stellen, mit seiner rosa Schleife zu versehen. Das ändert kaum etwas daran, dass es Tränen geben wird. Das ändert nichts daran, dass wir es nicht verstehen werden. Aber vielleicht können wir zumindest erahnen, dass es halt irgendwie notwendig sein wird und – am wichtigsten –, dass es nicht einfach einer Laune dieses Gottes entspringt. Wir können erahnen, dass es einzig und allein deshalb geschieht, weil es offensichtlich nicht anders geht, weil es nur so wirklich gut für uns ist. Das kann am Neujahrstag eine ganz wichtige Botschaft für uns sein. Unser Herrgott will uns versichern: Bei allem, was auch geschehen wird – es wird nie zu unserem Schaden sein. Ein frohes neues Jahr!

6. Januar

Viel guter Weihrauch im Bischofshaus

»Haben Sie Sternsingerkinder in Ihrer Pfarrei?«, lautet die Frage am Telefon, als ich aus dem erzbischöflichen Palais einen Anruf bekomme. Normalerweise erstarrt man natürlich ein wenig, wenn sich ein Mitarbeiter des Bischofs am anderen Ende des Hörers meldet. Es ist ja nicht alltäglich, dass man von dort aus angerufen wird. Ganz spontan denkt man: »Hab ich was falsch gemacht?« Nicht, dass man Angst hätte, aber Chefetage ist nun mal Chefetage! Aber es war natürlich alles in bester Ordnung. Es kam sogar eine ganz besondere Einladung: Wir sollten doch am Dreikönigstag mittags nach unserem Gottesdienst mit unseren Sternsingergruppen den hochwürdigsten Herrn Kardinal in seinem Palais besuchen, so wie wir an diesem Tag ja viele Häuser und Wohnungen aufsuchen, den Menschen unser Lied von der Geburt Jesu im Stall vorsingen und mit der geweihten Kreide das berühmte »C + M + B« an die Haustür anschreiben.

Wichtigstes Utensil für eine Sternsingergruppe ist dabei der Weihrauch, der im Weihrauchfass auf die glühenden Kohlen gelegt wird und dann als dampfender Rauch den ganzen Raum erfüllt. Es soll Leute geben, die diesen Rauch nicht so gut vertragen, weil er ja den Sauerstoff in der Atemluft nimmt. Bei Sternsingerkindern oder Ministrantinnen und Ministranten ist das Hantieren mit dem Weihrauch dagegen ein sehr begehrter Dienst. Ein klein wenig kommt es einer Beförderung gleich, wenn ein Ministrant endlich das Weihrauchfass bedienen darf. Das ist definitiv ein Dienst für die älteren und »ausgelernten« Ministrantinnen und Ministranten, denn immerhin ist der Dienst ja auch relativ verantwortungsvoll. Da es meistens dieselben Kinder sind, die im Gottesdienst ministrieren und an Dreikönig als Sternsingerkinder unterwegs sind, gilt hier natürlich die gleiche Regelung: Weihrauch eher für die älteren. Aber egal, welchen Dienst man übernimmt: Alle Kinder machen das immer sehr gerne. Es ist einfach so etwas ganz anderes, mit den bunten Gewändern und einem rauchenden Weihrauchfass durch die Straßen des Viertels zu ziehen und in die Wohnung hineinzukommen, die Menschen zu besuchen und zu erfreuen, ihnen ein fröhliches Weihnachtslied vorzusingen und ein Gedicht aufzusagen. Und das alles für den guten Zweck, nämlich um für die notleidenden Kinder in der Welt Geld zu sammeln, damit auch sie vernünftig leben können, Bildung und Erziehung bekommen, Chancen für eine gute Zukunft erhalten.

Natürlich haben auch wir in der Pfarrei mehrere solcher Sternsingergruppen. Sie bestehen immer aus drei Kindern pro Gruppe – entsprechend der drei Magier aus dem Morgenland. Natürlich nahmen wir die Einladung aus dem erzbischöflichen Palais gerne an. Sofort nach unserem Pfarrgottesdienst packten wir zwei Gruppen, also sechs Kinder, ausgestattet mit rauchendem Weihrauchfass und viel bunter Kreide, in einen Kleinbus und düsten los in Richtung Innenstadt. Durch die Seitenfenster konnte der Rauch aus den beiden Weihrauchfässern entweichen und alle hatten einen Heidenspaß, die Passanten zu sehen, die uns nachschauten, wie wir mit unserem »rauchenden« Auto durch die Stadt fuhren.

Beim Palais angekommen wurden wir bereits erwartet und Seine Eminenz, Kardinal Marx, begrüßte uns in der Eingangshalle. Seit einigen Jahren ist es nicht mehr üblich, dass sich eines der Kinder mit schwarzer Schminke zum dunkelhäutigen König, welcher der Tradition nach der Melchior sein soll, verwandelt. Die drei Magier stellen die damals bekannten drei Erdteile Europa, Asien und Afrika dar. Der Brauch, dass sich eines der Kinder schminkt, hatte noch nie einen negativen Hintergrund und wollte niemals verletzen. Aber in der öffentlichen Diskussion rund um diskriminierende Begriffe und rassistisches Verhalten ist es auch bei den Sternsingerkindern unüblich geworden, sich schwarz zu schminken. Unsere Sternsinger hatten dieses Problem – schminken oder nicht schminken – von Haus aus nicht zu lösen, da wir zwei unglaublich liebenswerte Kinder – Eric und Steffi – dabeihatten, deren Mama gebürtig aus Haiti stammt. Ihre natürliche Hautfarbe machte ein etwaiges Schminken eh überflüssig. Jetzt, im Innenhof des Amtssitzes des Erzbischofs, standen sie nun und begannen, ihr erstes Begrüßungslied vor der versammelten Hausgemeinschaft vorzusingen, die neben dem Herrn Kardinal und seinen Gästen auch aus den für seinen Haushalt und die Küche zuständigen Ordensschwestern bestand. Nach dem Gesang fragte eine der Schwestern ganz vorsichtig, wer denn jetzt eigentlich der »Mohr« sei? Ein kurzer Moment des Unbehagens entstand. Aber sofort meldete sich die schlagfertige, dunkelhäutige Steffi und meinte nur: »Ich denke, das mache ich dann mal heute. Das hilft Schminke sparen!« Die Spannung löste sich und alle lachten herzlich.

Dann führte uns Kardinal Marx in die oberen Räume »seines« Palastes. Allerdings ist auch der Bischof, der hier lebt, nur Mieter. Das Palais Hohenstein – so der offizielle Name – ist zwar ausschließlich für den Münchner Erzbischof als Wohnhaus vorgesehen, aber im Besitz des bayerischen Staates. Und dieser hatte erst vor Kurzem das ganze Gebäude grundsaniert und dabei auch die aktuellen brandrechtlichen Vorgaben umgesetzt – was wir sehr bald bemerken sollten. Im Speisezimmer angekommen war also der Herr Bischof ganz euphorisch damit beschäftigt, ausgiebig in beide Weihrauchfässer vom duftenden Weihrauch nachzulegen. Dicke Rauchschwaden stiegen auf und Seine Eminenz meinte nur noch: »Wir brauchen viel guten Weihrauchduft, das kann nie schaden!« Und er legte noch einmal ein paar Löffel des mitgebrachten Weihrauchs auf die im Weihrauchfass liegenden Kohlen auf. Vielleicht hätte er das mit dem »Nicht-schaden-können« noch mal genauer überlegen können, denn im nächsten Moment – wir wollten gerade gemeinsam »Zu Bethlehem geboren« vor der altehrwürdigen Hauskrippe miteinander anstimmen – erfüllte ein unglaublich greller, schriller Heulton das ganze Haus. Mein erster Gedanke war, wer denn wohl so einen abscheulichen Handy-Klingelton hätte und den dann auch nicht stumm stellt, wenn wir schon hier zu Besuch sind … Aber es war kein Handy, sondern die hochsensiblen Rauch- und Feuermelder, mit denen das renovierte Palais ausgerüstet worden war. Der hohe Ton der Sirenen drang durch Mark und Bein. Eine Spur von Panik entstand, die gelöste Stimmung von gerade eben jedenfalls war verschwunden. Jemand riss ein Fenster auf, damit der Rauch in den Räumen entweichen konnte. Etwas chaotisch hielten wir gleich darauf sogar die beiden Rauchfässer durch die Fenster ins Freie, damit sich kein Rauch mehr im Inneren verteilen konnte. Der Sirenenlärm jedoch hörte nicht auf.

Seine Eminenz schaute erschrocken umher und bekam einen hochroten Kopf. Auch wenn das jetzt etwas unpassend war, mein erster Gedanke, als ich das sah, war, dass seine Gesichtsfarbe nun einwandfrei zum bischöflichen Kardinalskäppchen, dem sogenannten Pileolus, passte. Am liebsten hätte ich das gesagt, um die Stimmung etwas zu lösen, aber ich spürte, wie peinlich ihm die ganze Situation gerade war. Von der Seite trat er an mich heran und sagte leise lachend: »Das muss ja passieren, wenn ich Sie zu mir einlade!« Zerknirscht schob er nach: »Jetzt weiß ich wenigstens, dass die Rauchmelder auch funktionieren!«

Leider kam es noch dicker: Alle Rauchmelder im Palais sind nämlich direkt mit der vielleicht einen Kilometer entfernten Hauptfeuerwache der Stadt München am Anger verbunden. Und plötzlich stand auch schon ein Feuerwehrmann in voller Montur mit Atemschutzmaske und Sauerstoffflasche auf dem Rücken und einer Axt in der Hand im Esszimmer des Bischofs. Draußen vor dem Palais war ein ganzer Löschzug angerückt mit Leiterwagen, Löschfahrzeugen und Feuerwehrnotarztwagen. Das Chaos war perfekt.

An ein weiteres Lied oder daran, Sternsingersprüche aufzusagen, war natürlich nicht mehr zu denken. Alle bemühten sich, die Herren von der Feuerwehr über das entstandene Missgeschick aufzuklären und wir wussten, dass dieser Besuch nun relativ rasch zu Ende gehen wird. Seine Eminenz begleitete uns noch bis zur Haustür, steckte den Sternsingern eine ordentliche Geldspende zu und von den Hausschwestern gab es eine ganze Tasche voller Gebäck und Süßigkeiten. So standen wir nun alle auf der Straße, der Feuerwehrlöschzug mit allen Feuerwehrmännern war noch nicht abgefahren und auch einige Schaulustige und Passanten waren vor dem Palais stehen geblieben. Das war jetzt der Moment für unsere Sternsinger! Wie auf einen unsichtbaren Befehl hin stellten sich alle sechs Kinder vor dem ersten Einsatzfahrzeug der Feuerwehr auf und sangen von Neuem ihr Lied, sagten ihre Verse auf und schrieben mit Kreide an die Eingangstür des Bischöflichen Hauses. Alle hörten ihnen andächtig zu, einschließlich Seiner Eminenz, des Herrn Erzbischof, der noch im Türrahmen stand.

Ein ganzes Jahr lang, bis zum nächsten Dreikönigstag, bin ich immer wieder mit dem Fahrrad an der Haustüre dieses prachtvollen Gebäudes vorbeigeradelt und habe stets voller Stolz und auch mit leicht diebischer Freude den Türspruch »C + M + B« gelesen, der in Kinderschrift mit unserer Kreide stolz angeschrieben stand. Noch einmal eingeladen wurden wir nicht. Das musste auch nicht sein, denn diesen Dreikönigsbesuch wird niemand von uns vergessen – und Kardinal Marx ganz sicher auch nicht.

Fest der Taufe des Herrn

Die Geschichte von Max Grünfeld

Mit dem Fest der Taufe des Herrn am Sonntag nach dem Dreikönigstag endet die Weihnachtszeit offiziell. Inoffiziell lassen wir die Christbäume in unseren Kirchen zwar noch bis zum 2. Februar, dem Fest Mariä Lichtmess, stehen, aber seit der Liturgiereform von 1963 markiert dieses Fest, an dem der erwachsene Jesus von Johannes dem Täufer im Jordan getauft wird, den Aufbruch in den Alltag nach der alles so verzaubernden Weihnachtszeit. Die Krippen werden abgebaut und in die Kisten verpackt bis zum nächsten Jahr, ebenso wie die Weihnachtsdekoration. Die Nadeln vom entsorgten Christbaum werden weggefegt. Aber was bleibt nun zurück, wie geht es weiter? Hat uns Weihnachten verändert und zu anderen Menschen gemacht? Wenn wir nur einige stimmungsvolle Wochen miteinander verbracht haben, und jetzt wieder business as usual ist, dann war es halt ein schönes Fest, mehr aber nicht.

Da taucht eine Geschichte auf, die uns wirklich lehren kann, was Veränderung bedeutet und wie so etwas selbst durch so ein kleines

Kind wie dem Jesuskind im Stall von Bethlehem möglich ist. Es ist die Geschichte von Max Grünfeld, auch Martin Greenfield genannt, eine ganz neue Weihnachtsgeschichte.

Der Jude Max Grünfeld war als Jugendlicher im Konzentrationslager Auschwitz von den Nationalsozialisten interniert und hatte bereits seine ganze Familie dort verloren, außer seinen Vater. Mit ihm zusammen wurde er auf den Todesmarsch ins KZ Buchenwald geschickt. Bei dieser Höllentortur starb auch sein Vater. Eine Woche vor der Befreiung des KZ Buchenwald sollte Max Grünfeld den Garten des Bürgermeisters herrichten. Dort im Garten waren Stallhasen untergebracht und weil er so großen Hunger hatte, hat Max Grünfeld etwas von dem Hasenfutter gegessen. Daraufhin ließ ihn der Bürgermeister derart verprügeln, dass er zu Tode hätte kommen können.

Max Grünfeld aber hat schwer verletzt überlebt. Als das KZ befreit wurde, ging er als Erstes mit seinem Freund, der sich um seine Verletzungen gekümmert hatte, zum Haus des Bürgermeisters. Jeder kann sich denken, was er vorhatte. Die Rachegedanken waren so stark in ihm, er wollte nur pure Vergeltung. Max Grünfeld klingelte an der Tür des Bürgermeisters, diese öffnete sich und in der Tür stand die Frau des Bürgermeisters – mit einem kleinen Baby im Arm. In diesem Moment versteinerte Max Grünfeld. Es wurde ihm schlagartig bewusst, in welchen Strudel von Hass und Gewalt er hineingeraten war. Dieses Kind auf dem Arm der Mutter hat ihm die Augen geöffnet und klargemacht, dass die bloße Rache ihn niemals heilen würde. Aber er suchte doch das Heil nach all dem Grauen der Vergangenheit! Max Grünfeld drehte sich wortlos um und ging. Er emigrierte in die USA, nannte sich ab jetzt Martin Greenfield, machte eine Schneiderausbildung und wurde der bekannteste Schneider vieler Prominenter und Stars. Er hat jeden amerikanischen Präsidenten eingekleidet von Eisenhower bis Obama, bekam den Beinamen der »Schneider der Präsidenten« und gründete eine große Familie, samt Enkeln und Urenkeln.

Max Grünfelds Geschichte ist eine Weihnachtsgeschichte. Der Hintergrund ist düster und lebensfeindlich – jeder kennt die grässlichen Bilder aus den KZ-Lagern der Nationalsozialisten. Trotzdem ist es eine Geschichte, die der Weihnachtsgeschichte des Lukas gleichkommt. Wie beim Evangelisten ist es ein Wickelkind, das die Menschen zur Umkehr bewegt, und ein Engel, der diese Botschaft den Menschen verkündet. Vollkommen unsichtbar steht dieser Engel neben der Frau des Bürgermeisters. Das Leben entsteht für Max Grünfeld neu inmitten seines persönlichen Nullpunktes. Ein Friedenskind überwindet eine Welt voller Gewalt. Der Blick auf ein wehrloses Kind ist immer friedensstiftend, genauso wie wenn man einen Menschen beim Sterben begleitet. Geburt und Tod sind die Eckpunkte unseres Lebens und Glaubens. Christus, der Erstgeborene von Bethlehem, steht für uns alle bereit an diesen Eckpunkten, von der Krippe bis zum Kreuz.

Vor Max Grünfeld können wir einen riesigen Respekt haben! Trotz des übergroßen Leids, das er erfahren hat, ist er ein Beispiel für uns, wie auch wir das Baby und seine Botschaft an uns erkennen sollen. Egal, wie schmerzvoll unser Leben oder unsere individuelle Situation ist. Jedes Jahr an Weihnachten haben wir die Chance, das zu tun. Ganz bewusst können wir die Geschichten vom Jesuskind in Bethlehem hören und lesen, unsere Krippen betrachten und die wunderbaren Lieder dieser Zeit singen. Die Herausforderung besteht darin, nicht nur das Baby zu sehen, uns nicht im bloßen Idyllischen zu verlieren – denn das Leben ist eben nicht nur Idyll. Genauso darf es aber nie nur um das Kreuz gehen, nur um Schuld und Sühne – denn das Leben ist nicht nur Schmerz und Leid. In diesem Geheimnis der Weihnacht ist beides miteinander verbunden. Das Zentrum der Botschaft von Weihnachten ist immer das neue, wahrhaftige Leben, das beides umfasst und das dieses Kind im ärmlichen Stall von Bethlehem uns allen gebracht hat: Nur in der Liebe haben wir eine Zukunft.

Epilog

Am Ende eines so emotionalen Buches steht der Dank. Dieses Buch zu schreiben, ließ mich eine weite, lange Reise antreten – in meine Kindheit, meine Anfänge als Pfarrer und hin zu Menschen, mit denen ich Freud und Leid geteilt habe – und hat mir so wunderbar gezeigt, wie lebendig unser Weihnachtsfest doch ist und wie lebendig es uns zugleich macht. Weihnachten berührt und bewegt, zu allen Zeiten, auch heute, und keiner kann sich seinem Zauber entziehen.

Deshalb möchte ich nicht einzelne Leute aufzählen, sondern allen Menschen danken, die mir mit so viel Liebe und Aufmerksamkeit das Geheimnis der Weihnacht in meinem Leben nahegebracht haben und es immer wieder tun. Sie haben mir die Augen geöffnet, mir vermittelt, was es bedeutet, dass Gott heute noch in unserer Mitte Mensch wird. Alle Geschichten, die ich dazu zusammentragen durfte, geben Zeugnis von der lebendigen Gegenwart seines Sohnes unter uns. Ich danke allen meinen Mitstreitern, Mitarbeiterinnen und Freunden, die sich in unserer Kirche für die Verkündigung der Weihnachtsbotschaft so unermüdlich engagieren, unsere Kirchen und Krippen schmücken, die Kinder in das Geheimnis der Weihnacht einführen und mit so viel Liebe das Unbeschreibliche der Geburt Jesu weitertragen.

»Du bist ... für manche nur ein Augenblick, jedoch für dich ein ganzes Leben.« Mit diesen Worten beginnt ein Poetry Slam, mit dem wir die Christmette 2023 in unserer Pfarrkirche eröffneten. Dieser Text sollte in diesem Jahr das üblicherweise feierlich gesungene Martyrologium der Christnacht ersetzen. »Du bist« – einfach alles! Wertvoll, unersetzbar wichtig und ein liebenswertes Geschöpf Gottes. Will uns die Weihnachtsbotschaft irgendetwas anderes vermitteln?

Ein Poetry Slam aber lebt nicht nur vom Inhalt, sondern vom Vortrag. Wie ein Musiker seine Noten, so muss auch ein Poetry Slammer seinen Text durch seinen Vortrag interpretieren, durch seine Stimme gestalten und insgesamt zum Leben erwecken. Ich danke deswegen meiner liebenswerten Anne, die uns alle mit ihrem Poetry-Slam-Vortrag auf so wunderbare Weise hat Weihnachten spüren lassen. Und ich freue mich schon auf nächstes Weihnachten und auf all die Menschen, die miteinander das Fest aller Feste gestalten werden!

Über den Autor

Rainer Maria Schießler, geb. 1960, wurde als Kind auch vom Nikolaus besucht, hier 1964. Er ist katholischer Pfarrer und gilt durch unkonventionelle Seelsorge und teilweise medienwirksame Aktionen als einer der bekanntesten Kirchenmänner in Deutschland. Sein Anliegen: Mit zugespitzten Appellen aufrütteln und für eine lebhafte, engagierte Kirche eintreten. Seit 1993 ist er Pfarrer in St. Maximilian in München. Von 2006 bis 2017 arbeitete Schießler immer wieder im Schottenhamel-Zelt des Münchner Oktoberfestes als Bedienung. Er ist Autor der Spiegel-Bestseller-Bücher »Himmel, Herrgott, Sakrament«, das als sechsteilige Serie für den Bayerischen Rundfunk verfilmt wurde, »Jessas, Maria und Josef«, »Die Schießler-Bibel« und »Hoffnung – gerade jetzt!«.

Nicht nur gläubig, sondern glaubhaft – Pfarrer Schießler erzählt aus seinem ideenreichen Seelsorge-Alltag

»Alles steckt in diesen 255 Seiten des unkonventionellen Seelsorgers: Leidenschaft fürs Pfarrersein, totale Identifikation mit der Aufgabe: Ein Pfarrer, der im wahrsten Sinne begeistert!«
Münchner Merkur

KÖSEL
www.koesel.de